这样做爸妈就对了

解码青春期，
养育十几岁孩子的教育心理学

刘华清 章 程 / 编著

化学工业出版社

·北京·

内容提要

青春期是人生最美好，又最困惑的一段时光。青春期孩子要面临很多身体发育、情感关系，甚至不良诱惑等问题。而青春期孩子独立或逆反的心理特点，或家长不当的沟通和干预方式，往往使家庭沟通和教育陷入僵局。严重情况下，孩子会彻底关闭心门，陷入迷茫、焦虑、抑郁、偏执等心理疾病当中，危害青春期孩子的身心健康。家长如何才能够发现问题，有效与孩子沟通，并帮助青春期孩子解决问题、引领他们成长呢？

本书主编为北京大学回龙观医院心理科主任、中华医学会儿童和少年精神医学专业委员会委员，多年从事儿童和少年心理咨询临床工作。书中总结了青春期少年容易遇到的各类成长困惑、心理问题，并给出了心理学的专业指导。希望通过本书，家长能提前了解青春期问题出现的原因和处理的方法，引领孩子顺利度过青春期，逐步迈向心智的成熟。

图书在版编目（CIP）数据

解码青春期，养育十几岁孩子的教育心理学/刘华清，章程编著．—北京：化学工业出版社，2020.7（2024.11重印）

（这样做爸妈就对了）

ISBN 978-7-122-36652-8

Ⅰ.①解⋯ Ⅱ.①刘⋯②章⋯ Ⅲ.①青春期-家庭教育-教育心理学 Ⅳ.①G782

中国版本图书馆CIP数据核字（2020）第079906号

责任编辑：陈燕杰　李　媛　　　　　　　装帧设计：史利平
责任校对：王　静

出版发行：化学工业出版社（北京市东城区青年湖南街13号　邮政编码100011）
印　　刷：三河市航远印刷有限公司
装　　订：三河市宇新装订厂
710mm×1000mm　1/16　印张15　字数208千字　2024年11月北京第1版第9次印刷

购书咨询：010-64518888　　　　　　　售后服务：010-64518899
网　　址：http://www.cip.com.cn
凡购买本书，如有缺损质量问题，本社销售中心负责调换。

定　价：49.00元　　　　　　　　　　　　　　　　版权所有　违者必究

序一

青春对于每一个人来说都是美好的。但说它美好时，也并不否认在这个时期会有很多成长的"阵痛"。孩子们很有可能在青春期面对失败、悲伤、恐惧、焦虑、抑郁……这些心灵的怪兽有时候会让孩子们无力应对，此时的他们非常需要有人能够帮助他们解决问题，引领他们成长。但是很多家长却不了解青春期孩子的独特心理，不了解他们的成长困惑，更不知道如何科学地改变自己、帮助他们，这使得父母们很容易陷入"孩子，我很想帮你，但我不知道该怎么做"的教育困境。

本书针对青春期这个关键时期，给家长们提供了令人信服的答案。主编刘华清教授是知名的儿童心理学专家，另一位作者章程是资深的心理咨询师。他们通过自身的经历，以及他们工作中接触的许许多多的案例，总结经验写成了这本书。

这是一本很有价值的书，它提到很多教育心理的关键点。书里的一个例子给我印象很深刻，大概意思是这样：

这个孩子是一个初中生，她不信任父母，认为父母每句话都不是发自真心，都是带有目的性的。比如，父母表扬她努力，是为了让她考好成绩给父母争脸；表扬她孝顺，是为了让自己听他们的摆布……这个孩子由不信任父母发展到不信任身边的任何人，因为她觉得连自己的爸爸妈妈都这样对待自己，那么身边的人肯定变本加厉！同学夸她漂亮，说不定会有其他的企图；朋友说她的笔不错，是不是想让自己送给他……她这样好累，可她控制不住自己去想，去琢磨……

从心理学的角度来看一个人的成长，有一点需要特别注意，即每个孩子的人生观、价值观并不是建立在客观现实的基础上，而是建立在孩子们对客观现实的看法基础上的。这些看法从何而来？从父母身上来。父母如何"教"，孩子就如何"长"，再加上一些遗传学因素，所以尽管许多孩子们生活在类似的环境中，却会用不同的方式来思考，拥有不同的人生观、价值观。例子中的那个孩子就很典型，青春期的她很敏感，她的观点有些是具备功能性的，有些是不具备功能性的，那些不具备功能性的观点使她的生活出现了问题，也很可能影响她之后的人生轨迹。

教育问题可以归结为认识自己和修正自己的过程。相比成人而言，青春期的孩子认识自己和修正自己的能力尚且不足，所以需要家长关注他们的成长，必要的时候对孩子进行教育。父母在关注孩子成长的过程中，要学会发现那些不具功能性的观点，并且懂得它们出现的原因和处理的方法。那么，具体如何做呢？本书的内容就是很好的参考。书中的内容并不只是理论和原理，更有一些实际操作的方案，就像一位耐心的老师，手把手地示范给你看，然后带你逐步学会这个技能。

打开这本书，阅读、思考、学习、践行，并且和你的爱人、朋友分享它，让它能够帮助更多的人、更多的家庭。

庞宇

北京回龙观医院副院长、副主任医师

2020年4月

序二

厚厚的一本书我很认真地阅读完了。我和刘华清教授相识多年，他在儿童青少年心理领域耕耘三十年之久。每当朋友请我推荐儿童青少年心理专家时，我第一个想到的就是刘教授，因为他既有儿童精神科医生背景，又受过系统的心理学专业训练。

近年来我曾让我的应用心理学博士研究生去旁听刘华清教授组织的家属教育团体课堂。学生们都惊叹于刘教授直击问题本质的珠玑之言，更惊叹于他春风化雨般的温暖微笑。他仿佛有一种"特殊的能力"，能让每一位参加的家长和孩子敞开心扉，建立良好的治疗关系，与他深度交流。

这次刘教授请我为他们的这本书写序，我一口答应了。本书是刘教授多年儿童青少年心理工作的经验总结，它应该被更多的父母看到，帮助到更多的人。

我们的孩子、我们的家长太需要这本书了！在多年的临床心理咨询中，我看到有一些青春期的孩子，他们的好奇心和活力少了，脸上生机勃勃的笑容少了，花季少男少女应有的热情、阳光也少了……他们还很小，人生之路才刚刚开始，怎么那些与生俱来的探索欲望和生活热情就慢慢暗淡了呢？

本书是刘华清教授团队专家对教育的领悟和见地，而这些都来自他多年工作和生活的经验，书里的内容观点明晰、深入浅出，细细体会之下，饱含了一个心理工作者对孩子的大爱。

希望每一个孩子都能顺利度过他们的青春期，在他们心智逐渐成熟之后，为社会、为国家做出自己的贡献。养育好一个心身健康的孩子实际上是培养一种"好的关系"，首先是早年的母婴关系，然后是孩子与养育者的家庭关系。当然，做到这一点并不容易，需要家长和孩子一起努力。

希望书中的点拨可以像丢进湖面的石子，在家长们的心里荡漾起涟漪，帮助家长和孩子形成一种"好的关系"，而孩子们可以在这种"好的关系"中健康、快乐地成长。

刘正奎

中国科学院心理研究所研究员、教授、博士生导师

2020年4月

序三

读完整本书,让我想起了一个寓言故事:

一把沉重的铁锁挂在大门上。一个人走过来,拿一根铁棒连撬带砸,不管用怎样的力气,都打不开锁。另一个人走过来,拿出一把小小的钥匙,放进锁孔轻轻一转,"咔嚓"一声,锁开了。

等两个人走了,迷惑不解的大铁棒问小钥匙:"为什么我用那么大力气都打不开锁,你却轻轻一下就可以打开呢?"

小钥匙回答说:"因为我能深入它的内心。"

青春期的孩子心上有一把锁,这把锁可能源自父母的某一句指责,可能是看到自己考试成绩时深深的失望,也可能是朋友之间一次难以解释的误会……本书就是深入孩子内心的那把"小钥匙"!

这把"小钥匙"能打开孩子内心的"情绪之锁"。青春期的孩子们经常性地遭受情绪创伤,就如同蹒跚学步的孩子经常会跌跌撞撞一样。一旦负面情绪排山倒海而来,不仅孩子很痛苦,爸爸妈妈也万分迷茫,不知道如何帮助孩子。有了这本书,家长就有了一个参考,书里面用浅显易懂的语言帮助家长明白孩子内心的情绪是怎么来的,然后在此基础上找到帮助孩子面对情绪的正确方法。所以,当遇到情绪问题时,翻翻这本书,也许有你需要的答案。

这把"小钥匙"能打开孩子内心的"个性之锁"。现代自我心理学之父阿尔弗雷德·阿德勒说："个体既是绘画作品，又是艺术家。他是创造自己个性的艺术家。"每一个孩子都有自己的个性，孩子自己的观点以及如何做决定了他特有的独一无二性。也许这些独一无二的个性在青春期之前还不明显，但到了青春期，孩子内心的矛盾和不平衡感会让他们的性格特点变得尤为突出，许多家长会很明显地意识到自己的孩子和以前不一样了，他们开始叛逆、任性、逃避、挑剔……如何面对这样的孩子？翻翻这本书，也许有你需要的答案。

这把"小钥匙"能打开孩子与父母之间的心结。亲子关系是人际关系的原点，孩子和父母之间的关系应该是最亲密的一种关系，但很多爸爸妈妈和孩子的关系很紧张，或者亲近不起来，问题出在哪里？是边界不清，还是太强势？是控制不住情绪还是不懂倾听？……孩子需要成长，家长更需要学习如何处理好亲子关系，父母最重要的任务是等待孩子尽早作为一个独立个体，从自己的生命中分离出去，而做到这一点的基础就是父母能够节制住自己，给孩子提供一个允许他体验、表达、成长的环境，父母要像"容器"一样接纳孩子，承载孩子的一切。那么，具体如何做呢？翻翻这本书，也许有你需要的答案。

在青春期，孩子们的身体和心灵都正在经历一场"剧烈的风暴"，这时候看上去像个"大人"的孩子，其实内心需要父母更多的关心和爱。爸爸妈妈只要认真读一读，多多少少会发现一些适用于自己家庭的东西，如果能把这些东西运用到实际生活，可能一点点小小的改变就能引起"蝴蝶效应"，让孩子发生"质"的改变，自信地面对学校生活，面对朋友，甚至一切事情。

李玖菊

北京回龙观医院　儿童心理病房心理治疗师

2020年4月

自序

作为一名学习临床心理学多年的心理咨询师，我在生孩子之前是信心满满的，因为我觉得自己的所学足以应对一个小生命。但是，自从养育了她，我遇到了很多我之前没有想象到的困难，至今我还清晰地记得那些熟睡中被哭声闹醒、弄得我精疲力尽的漫长夜晚……慢慢地，随着她逐渐长大，我面对的问题越来越多：不按时吃饭，不肯乖乖出门上学、不做家务、不愿意收拾好玩具……当我无法处理好孩子的每个"问题"的时候，我很沮丧，我认为自己是一个"失败"的母亲。这种失败感与其他母亲相比是双倍的，因为这不仅仅是我做母亲的失败，更是我这么多年所学的失败。

幸运的是，我遇到了刘华清主任。近几年，我在回龙观医院儿童心理科临床实践中，刘主任是我的老师，他看到了我的困扰后，对我说："你不用做一个完美的母亲，只需要做一个情绪稳定的母亲就好了。"

一句话让我茅塞顿开，它改变了我的整个世界！世上无完人，我不需要，也不可能把事事都处理得完美。只要利用我所知道的知识尽可能地去解决问题就好，我完全可以有缺点和失误，但只要我情绪稳定，那么这些缺点和失误的影响就能降低到最小，通过耐心的等待以及和孩子良好的互动，我仍然能让孩子拥有稳定的情绪和健全的人格。

当然，要真正做一个情绪稳定的妈妈需要长久的修炼，很幸运我跟随了一位好老师。他的"金句"远不止这样一句，在门诊和病房，他说过很多让人豁然开朗、醍醐灌顶的话！几年来的耳濡目染，我自己不仅在养育孩子时更加有信心，而且临床心理学知识、咨询技术也有了极大的提高。于是，我萌生了写一本书的想法，将刘主任的这些家庭教育的观点集结成册，去帮助到更多的人。

我和刘主任一起把自己多年在生活中和新闻中遇到的青春期故事做了归纳、改编与整理，把孩子在青春期过程中容易遇到的困扰基本上都涵盖了，也提出了心理学建议。它比专业的心理学著作更容易理解，是一本贴近普通人生活的心理学普及读物。当然，书中肯定也有不足之处，或者一些观点是具有挑战性的，请各位读者海涵，也欢迎给我们提意见，这样我们会有更大的进步。

最后，衷心感谢刘华清主任对我的指导，和他一起著成此书是我的荣幸，我期待着这本书能被越来越多的人看到，并且通过阅读它，成为一个不完美，但是"对"的教育者。

章程
2020 年 4 月

目录

第一章 • 走进青春期孩子的心,避开家长最容易犯的错

1. 我们是在"爱"孩子吗? // 002
2. 尊重孩子的独立和成长 // 005
3. 别"心急",教育无捷径 // 008
4. 有些东西,家长要学会放弃 // 011
5. "自由"与"自律"的冲突 // 014
6. 别总拿孩子跟别人比 // 017
7. 家长如何控制自己的"怒气" // 020
8. 批评孩子要讲究方法 // 023
9. 不要站在裁判位置赞美孩子 // 026
10. 好孩子不是惩罚出来的 // 029
11. 按需供应"父母之爱" // 032
12. 中年危机的父母VS青春期的孩子 // 035

第二章 • 别和孩子较劲,与青春期孩子沟通有方法

1. 不对孩子进行道德评判 // 039
2. 爱和陪伴是良好沟通的基础 // 042
3. 做一个令孩子信任的父母 // 045
4. 强势父母会把孩子越推越远 // 047
5. "矛盾"父母的无效沟通 // 051

6. 用"改变"的心态和孩子沟通　　// 054
7. 感受孩子的感受,并表达出来　　// 057
8. 不要把自己的不愉快归咎于孩子　　// 059
9. 如何对孩子提出要求　　// 062
10. 命令和要求的区别　　// 065
11. 全身心地倾听孩子　　// 068

第三章 · 正视成绩波动,寻找影响孩子学习成绩的因素

1. 理解孩子学习上的"苦"和"累"　　// 072
2. 心理状态对孩子的成绩影响很大　　// 075
3. 兴趣是最好的老师　　// 078
4. 孩子不爱发言的背后　　// 081
5. 作业拖拉与满足感有关　　// 084
6. 从另一个角度看待孩子的偏科　　// 087
7. 孩子与老师关系不好怎么办　　// 090
8. 疏导孩子的厌学情绪　　// 093
9. 当孩子考试成绩不理想时……　　// 096
10. 科学对待爱打游戏的孩子　　// 100

第四章 · 别让青春期变成"惹祸期",积极关注孩子的个性发展

1. 独立:帮助孩子实现真正的自我　　// 104
2. 决策能力:影响孩子一生的能力　　// 107
3. 任性:孩子追求"自我"的呼声　　// 110

4. 竞争：自我意识的成熟与发展　// 113

5. 毅力：决定孩子能飞多高、走多远　// 116

6. 乐观：最为积极的个性因素之一　// 119

7. 叛逆：孩子无处宣泄的不满和压力　// 122

8. 逃避：痛苦常见的替代品　// 125

9. 依赖：孩子自主意识的缺乏　// 128

10. 得过且过：问题不会自行消失　// 131

11. 逃避责任：这不是我的错　// 134

第五章 · 平稳度过青春期，重视孩子的情绪变化

1. 请对抑郁的孩子多一些慈悲心　// 137

2. 让孩子学会与焦虑"和平相处"　// 141

3. 了解嫉妒，化解嫉妒　// 143

4. 虚荣和攀比源自爱的缺失　// 147

5. 失败后，鼓励孩子继续坚持　// 150

6. 教会暴躁的孩子表达愤怒　// 154

7. 孩子为何"报喜不报忧"　// 157

8. 从"不得不"到"我愿意"　// 160

9. 重视孩子的积极情绪　// 162

10. 发现孩子的情绪模式　// 166

第六章 · 社交能力是必备能力，人际关系对青春期孩子很重要

1. 让孩子学会信任他人　// 170

2. 倾听：教孩子学会倾听是明智之举　// 174

3. 不要太在乎他人的看法　// 177

4. 把握好自私与无私的"度"　// 180

5. 让孩子远离社交恐怖　// 183

6. 人际交往的黄金法则：换位思考，理解他人　// 186

7. 感恩是智慧的处世哲学　// 189

8. 宽容会带来"双赢"的局面　// 192

9. 如何面对不诚信的朋友　// 195

10. 学会和朋友"谈判"　// 198

第七章　和孩子一起成长，有些特殊的青春期问题值得关注

1. "贪吃"或"不吃"都需引起家长的重视　// 202

2. 孩子睡眠问题的原因　// 205

3. 青春期性教育的几点思考　// 208

4. 孩子离家出走的背后　// 210

5. 离婚，要不要对孩子隐瞒？　// 213

6. 好好和孩子说"我们离婚了"　// 215

7. 出国留学的青春期孩子　// 218

8. 留守家乡的青春期孩子　// 221

9. 死亡是一堂必修课　// 223

第一章

走进青春期孩子的心，避开家长最容易犯的错

1. 我们是在"爱"孩子吗？

什么是爱？爱的定义很复杂，也很神秘，很多人都给爱下过定义，都感觉不尽完美。也许爱的真正含义，很难讲述得尽善尽美吧！尽管如此，笔者还是想尝试着来写一写。以父母对孩子的爱为例，来聊一聊，什么是"真爱"。

小嘉是一个内向、害羞的男孩，进入心理咨询诊室的时候显得很拘谨，他是在妈妈的陪同下一起来医院就医的。

"我们有什么可以帮助你的吗？"

小嘉看了一眼旁边的妈妈，妈妈点点头，示意让他自己说。

"我没有朋友，同学们一般都有几个'铁哥们儿'，可是我没有。他们似乎也不太爱跟我玩儿，在学校的时候我总是觉得孤独、寂寞。"小嘉低声说。

"这种情况什么时候开始的？是一直没有朋友吗？"

"小时候开始就是这样吧！有几个朋友一开始处得挺好的，后来也变成平平凡凡的关系了。我也不知道为什么。其实我也不贪心，就想着有几个知己，可是很难找到。然后现在就干脆不找了，一个人宅着也不错。"小嘉说。

"那今天来到这里，我们有什么可以帮助你的呢？"

"我妈觉得这样不好，就带我来了。"小嘉解释道。

"哦，好的，那么，给我们形容一下你和妈妈的关系吧！"

"我和妈妈关系很好呀！妈妈真的很爱我"，小嘉说，"现在我高二，妈妈每天早晨给我做好早餐，准备好衣服，连牙膏都会帮我挤好！妈妈很辛苦，我给她增添了很多负担，她从来都不说什么。"

一旁的妈妈微微笑，很明显，儿子的表述让她很受用。

听了这段描述，笔者心里有数了。孩子认为妈妈很爱他，妈妈也自认

为很爱孩子,而孩子现在出现的人际交往困难,很有可能是这份"爱"导致的。

真正的爱,会让孩子变成这样吗?恐怕不会。所以,怎样才是真正"爱"孩子是需要每个父母去认真思考的。

● 最常见的"爱"的误解:父母将自己的依赖性当成对孩子"爱"

从上面案例中可以看出母亲对孩子的依赖性,母亲用自己对孩子无微不至的照顾,让孩子"离不开"自己,从而自己就可以依赖着孩子,这种依赖经常被冠以"爱"之名。要知道,**真正的爱是自由的选择,家长和孩子的关系有双方选择的自由,绝对不是"没了你不行"的寄生心理。**

通常家长都对孩子有一定的依赖性,但是正常情况下不会任由这种依赖性无序地滋长,不会让它控制自己的生活。比如替孩子挤牙膏这件事,在孩子年幼的时候很多家长都会这样做，但是当孩子长大了，有能力自己做的时候，大多数家长会让孩子自己做，这就是健康的依赖性。而如果家长不让孩子自己动手，替他挤牙膏直到他初中、高中，那么这其实就是家长放纵了自己的依赖性，让依赖性控制着自己的感受和需要。亲子关系变得没有界限，不再健康，形成对孩子过分依赖的心理问题。而如果家长对孩子过分依赖，必然会对孩子各方面的成熟和发展产生负面的影响。

● 真正的爱能够让孩子的自我界限无限延伸

爱是长期和渐进的过程，能够帮助他人进步，也能够让自己更加成熟。请审视自己对孩子的爱，是否让孩子的自我界限得到了无限延伸？

回答这个问题之前，首先必须先解释一下，什么是自我界限。举个简单的例子，假设你是一个热爱书法的人，你会从这个爱好中获得无限的满足感，为了练习书法，你甚至在周末不愿意多休息，而只愿意"舞文弄墨"，通过这个兴趣爱好，你明白了王羲之的《兰亭序》好在哪里；你欣赏到了楷书和隶书不一样的美；你甚至对历史有了更清晰的了解……这就是你的"自我界限"在不断突破。

请看看孩子在家长的"爱"里面，他的自我界限有没有突破？如果有，那么我们是在真正的"爱"孩子，如果没有，那么一定有哪里出了问题。

心理小课堂

你的儿女，其实不是你的儿女，他们是生命对于自身渴望而诞生的孩子。他们借助你来到这个世界，却非因你而来，他们在你身旁，却并不属于你。你可以给予他们的是你的爱，而不是你的想法，因为他们有自己的思想。（纪伯伦）

2. 尊重孩子的独立和成长

青春期的孩子需要家长尊重他们的独立性，这句话看似简单，可是很多家长却无法做到这一点。很多时候笔者在诊室指出某位家长不尊重孩子是个独立的个体的时候，家长们都会反驳，认为自己并没有这样做。但当我们问家长有没有说过"有其父必有其子""这孩子和他妈妈一个样"这类的话时，大多数家长都点头。其实，如果家长说过类似的话，那么在尊重孩子独立性上，就值得家长反思。

孩子不是遗传基因的复制品，而是一个崭新的生命。如果把孩子与长辈某个类似之处经常比较，或者归因于"像"某个长辈，其实家长内心深处就并不是把孩子当成独立的个体来看待的，而是把他看成了自己或者他人的生命的延续。这样做的后果就是，运动员父亲觉得孩子有运动天赋，逼着爱读书的儿子上球场；画家母亲觉得女儿有艺术天赋，从小就带着她涂涂画画，即便她对音乐更感兴趣；军人看到儿子穿破洞裤就会觉得孩子"吊儿郎当"……以至于孩子会很有这样的怨言：你们不在乎我的感受，只在乎别人对我的看法。

● 自恋的父母是不尊重孩子独立性的"极端"代表

不把孩子当成独立的个体，无视孩子的独立和自由，这种情形的极端表现就是"自恋"了。怎样的父母是自恋的父母呢？把孩子当成自我的延伸，不对孩子的情绪状态做出正确的回应，对孩子的需要不加体会，只关注自我，无视别人的存在的父母就是自恋的父母。

杉杉接受心理治疗已经两年有余了，之前她找过很多治疗师，而大多数都半途而废。找到我们的时候，杉杉几乎已经"不抱希望"了。杉杉当时的诊断是伴有精神分裂症状的抑郁症。我们展开治疗后,她慢慢敞开心扉,渐渐学会信任他人,并且接受自己患病的事实,尝试着用开朗和乐观的态度来接纳自己,学会了自尊自爱,不再像过去一样事事都需要父母的照顾和帮助。

当我们把杉杉的进步告诉她的母亲时,母亲的反应出乎我们的意料,她说:"我的孩子真是太可怜了,她吃了那么多的苦!"

我们很诧异,难道这个母亲不应该为孩子的好转而高兴吗?于是我们重复重点:"她已经康复了很多,这是值得您欣慰的。"

"嗯,我知道,这个孩子真是不容易啊,我照顾她这么多年,也是真的很累了。"妈妈低头抹泪。

笔者没有接话,对这个母亲的反应,笔者有了一个基本的判断:这个母亲是个自恋型母亲。她不会真正去体会孩子的感受,或者说,她对他人没有感同身受的能力。所以她不会为他人着想,对孩子的独立性视而不见,更不会对孩子的情况作出正确的反应。

杉杉的情况和她童年期的家庭影响有关,好在现在她已经离开父母住校,逐渐开始自己的生活了。自恋型的父母往往不自知,还会让人觉得他们为孩子付出了很多,看似"掏心掏肺"。殊不知,他们潜意识中把孩子当成了自我的延伸!在思维层面,他们知道孩子和自己是两个人,但是在意识层面,他们不觉得孩子和自己是"两个人",而在情感层面,他们更是除了自己以外,认为其他人(包括孩子)都不存在。

● 尊重孩子的独立和成长要注意的几点

大多数父母都还到不了"自恋型"父母的地步,但是如何更好地尊重孩子的独立性呢?首先,人人都有独立的人生和命运,即使是自己的孩子,他也不属于父母,父母某些所谓的荣辱、面子更与孩子无关。**只要孩子没有触及底线,说话行事有分寸,那么孩子完全可以活出他自己的样子——即使是和父母期待完全不同的样子。**其次,父母要注意的是,尊重孩子的独立和成长不要走另一个极端——对孩子过于冷漠,给孩子一种"你的事你自己解决,别来烦我"的不安全感。父母正确的态度应该是"孩子,你需要我的时候,我在,我会尽我所能帮助你,你完全可以活成你喜欢的样子,并且,不论你什么样子,我们都爱你。"

心理小课堂

弗洛伊德曾给出"自恋"的定义是自己对于自我投注的力比多(libido,泛指一切身体器官的快感。即弗洛伊德认为的"性",这里的性不是指生殖意义上的性)的状态。从力比多的方式来说,也就是一个人将本来应该投注于客体的力比多,反向投注到自己身上,这样的人无法和别人建立有效和融入的亲密人际关系,并且经常沉浸在自己不切实际的幻想中。

3.别"心急",教育无捷径

在心理诊室,笔者经常遇到一些"心急"的家长,他们会不断地问医生和咨询师"孩子多久能好"。这类家长一心希望医生和咨询师想出"神奇"的办法,让孩子迅速改变现状,而他们几乎基本不会追着我们问"发病原因是什么""问题本质是什么",只是希望找到"捷径",快速解决问题。

林雪今年初二,特别安静的一个女孩,遭受校园欺凌,被同学排挤、嘲笑,情绪低落,有自杀想法,无法回归校园正常上学。

她的爸爸妈妈一进门就说:"我们已经看了好多大夫了,从老家到北京,就是奔着您这儿来了。"然后妈妈拿出一沓厚厚的病历本,开始历数这半年来的看病历程。

一旁的林雪低头不语,妈妈是个大嗓门,"机关枪"一样的语速让人的耳朵"嗡嗡响"。

"孩子,你说说你的情况?"

"没什么好说的。"林雪很不配合。

"要不要请爸爸妈妈出去,你单独和我们聊聊?"

林雪听见这句话,猛地抬起头,然后又低头不语。

看见她的反应,我们觉得也许单独聊会有新的内容,于是就请爸爸妈妈暂时出去。

诊室里短暂的沉默后,林雪开始讲述自己的故事。父母爱吵架,自己是个女孩,爸爸妈妈一直想要个男孩,所以"自己一出生就是一个错误"。平时她在外面遭受欺负回家也不敢说。很小的时候说过一回,妈妈反倒过来责备她,说她"胆小懦弱,没用,是个废物"。于是后来长大了再遇到什么事情,她就什么都不说了。她觉得校园欺凌无所谓,"同学们孤立自己、不理自己也好,省得和他们假惺惺地相处了,还不用上学了,就这么活着吧,反正想死也死不了,被爸妈看着。谁不是将将就就地活着。"

听完后我们心里都有些说不出的滋味儿。

爸爸妈妈进来后,我们说了孩子的情况,告诉他们这可能和她从小的教育方式、家庭氛围有关。刚说两句,妈妈就打断我们:"是呀,我知道这是我家的问题,我们夫妻之间关系不太好,我脾气也大,现在变好也不可能,过去也不可能改变了,大夫您说,怎么治疗这个孩子,吃药住院都行,赶快让她好起来。"

看着这个"心急"的妈妈,我们叹了口气。

心理治疗没有任何捷径,同样,教育也没有捷径,"心急吃不了热豆腐"这句俗话放在心理治疗的过程中也是适用的。一个人心智的成熟可能是一个枯燥、漫长的过程,孩子在成熟的过程中遇到了"坎儿",心理治疗的介入可以帮助孩子快一些度过,但是绝对不是"时光穿梭机",一下子就能到达目的地。

● 孩子的改变不是一朝一夕的

一个孩子由心理健康变成心理不健康,除了一些突发性的负面事件外,并不是一朝一夕的。也就是说，我们的孩子是一点点变得"不健康"的，换言之，要想孩子好起来，家长也要做好准备——孩子一定是一点点好起来的。"变好"的过程甚至比"变坏"的时间更长，因为新长出一颗牙可能只需要几个月，可是矫正牙齿却需要几年！所以，家长首先要放平自己的心态，不要着急，静下心来和大夫、咨询师一起寻找原因，探讨治疗方案，一步步帮助孩子重新走出泥沼，回归健康的状态。

● "心急"的家长可能是在为自己找借口

"心急"的家长为什么说可能是在"找借口"呢？以上面的案例为蓝本，继续探讨下去——门诊上的短暂碰面后，这个孩子的妈妈可能会觉得大夫们"没有本事"，再去找更多的医生。也许会有一个医生告诉她"某条捷径"，如果在花费了大笔治疗费用之后孩子仍然没有预期的好转，她可能会说："我尽力了，为了她我换了N个医生，没有效果，这真的不能怪我了。"讲到这里，"找借口"的心理就体现出来了，对吗？

当然，这是笔者的一种猜测，不一定准确，并非所有"心急"的家长都是在找借口，只是有一类家长的心态确实是如此。如果你是一个"心急"的家长，那么有则改之，无则加勉。

心理小课堂

校园欺凌是指同学间一方（个体或群体）单次或多次蓄意或恶意通过肢体、语言及网络等手段实施欺负、侮辱，造成另一方（个体或群体）身体伤害、财产损失或精神损害等的事件。

4. 有些东西，家长要学会放弃

判断一个人的心智是否成熟，有学者提出这样一种标准：如果一个人能够很好地处理"想要"与"能要"之间的微妙平衡，那么这个人就是一个心智成熟的人。姑且不论这种看法是否完全正确，至少有一点值得认可：**"想要"与"能要"之间必然有差距，寻找平衡是每一个人都需要做的事情。**如果寻找到了平衡，那么这个人快乐就多；如果找不到平衡，那么这个人负面情绪就多。

在家庭教育中，一个"想要的孩子"和你眼前那个"真实的孩子"也许是有差距的。如果家长能够适度调整，那么无论是家长还是孩子，彼此感受到的轻松、愉悦感就多；如果家长始终调整不好平衡，那么就可能出现问题。这种问题也许在孩子儿童期还不明显，但若进入青春期，孩子的学业等压力逐渐增大，家长的焦虑感也会逐渐增大，问题就日益突出。

小桀穿着橙色的羽绒服走进诊室，也许是颜色的关系，衣服的橙色显得他脸色非常不好。他低垂着双眸，安静地坐在椅子上，低头把玩着衣角。

小桀今年上初二，他的父亲是老师，他就在父亲任职的学校就读。父亲曾是"学霸"，当年是省里的高考状元，读完博士以后就回到母校任教，很受校领导重用。相比父亲，小桀显得"平凡"很多，父亲这样形容小桀："中上游的成绩，没有任何天赋，平平庸庸的，哎，比我小时候差远了。"

父亲虽然没有明说，但是我们能明显地感受到，父亲对孩子的期望很高，希望孩子能超越自己，比自己更优秀，可是"现实中的孩子"却和"理想中的孩子"差距很大。

"你来医院找我们，希望我们怎么帮助你呢？"

"这孩子最近不爱说话了，睡眠也不好，我看到他偷偷吃安眠药，问

他他也不愿意多说，就带孩子来看看什么情况。"

我们把目光转向孩子，希望他给出解释，可是孩子始终沉默不语。

孩子出生的时候，家长往往抱着美好的期望，期望他"青出于蓝而胜于蓝"。不能说这种美好期望是错的，但是当这个美好的期望伤害到了孩子，伤害到了我们自己的时候，那么这个期望就是一个没有功能的，甚至是具有负面功能的期望了。

● 承认孩子的缺点，接受"真实的孩子"

承认孩子的缺点，接受"真实"的孩子，看起来容易，做起来很难。打个比方，你本来花"重金"买了一个玉手镯，一直很爱惜，小心翼翼地每天用自己的体温"养"着这块玉，可是某一天遇到一个懂玉的行家，他用专业的工具检测后发现，这是一块好玉，但玉里面有一块瑕疵，这块瑕疵从表面上看不出来，但是用专业工具就能检测出来，影响了这块玉的品质。面对这块"玉"，你心里是否"五味杂陈"？而现在要求你承认这是一块有瑕疵的玉，并且接受这一点，还和以前一样珍爱它，你做得到吗？

孩子就是这块"玉"，这个懂玉的行家就是"生活"。当孩子还小的时候，我们看不出来什么，可是随着时间的推移，孩子长大了，慢慢地我们会发现他没有我们期待中的优秀，他甚至没有年轻时候的自己优秀，怎么办？该如何承认孩子的缺点，接受"真实的孩子"呢？并一如既往地爱他呢？

最好的方式就客观看待自己的孩子，也就是说，家长要客观分析孩子的优缺点，看看这块玉其他"好"的方面，他确实是一块好玉，只是有点瑕疵而已。不要把目光聚焦在"缺点"上，缺点只有1个，优点却有10个，这样的孩子又差到哪里去呢？**放弃自己原来的期望，把期望值调整到适合孩子的高度，对孩子的人格发展、心理健康都大有好处。**

● 留意观察"放弃"时的快乐

"放弃"与"快乐"有时候人们很难把两者联系到一起。放弃时有痛苦，这是必然的，不用多阐述，放弃时有快乐吗？有，当然有。举个最简单的例子，你在玩着手机，正刷微博刷得起劲，旁边的孩子过来，拉你一起"过家家"，这时候的你拗不过她，只能放下手机陪她玩。放下手机的一刻，就是你"放弃"的一刻，你必然有痛苦，但是当你看到孩子展开的笑颜，是否也会感受到快乐呢？

现在孩子长大了，他们不再玩过家家，不再和家长打水枪，他们希望你放下的不再是手机，而是你在自我内心深处对他们过高的期望。这种期望让他们感受到焦虑、压力，让他们失眠、自伤。你愿意放下吗？如果你愿意，在放下的同时，去体会孩子和自己得到的快乐感、愉悦感，这不但能减轻你"放下"时的痛苦，还能让孩子感受你的"重视""关注""无条件的爱"，让你和孩子的心更紧密地联系在一起。

心理小课堂

心理学上有一个名字非常"浪漫"，叫做"无条件式的爱"。这种爱不附带任何条件，"因为你是我的孩子，所以我爱你"。孩子在这样的爱中，不用担心因为自己做错了什么，或者哪里做得不够好而使这份爱少一点点。在这样的爱中成长的孩子，是自信的。

5. "自由"与"自律"的冲突

"我要自由"是每个处在青春期的孩子内心最经常出现的呐喊声。该给孩子自由吗？当然应该，所以这个呼声才显得那么合理，可是"自由"给了，"自律"放于何处呢？**如果家长在给孩子自由的同时，忽略了教给孩子如何自律，那么可能就会适得其反。**

诊室里走进来一对年轻的夫妻，妻子是艺术院校毕业的，散着一头大波浪长发，穿着一袭火红的连衣裙，甚是迷人。丈夫中规中矩的白衬衫很干净，戴着一只怀旧的手表，两人看上去都很有气质，甚是般配。可是令人遗憾的是，这样"登对"的两人过得并不幸福。妻子一毕业就和丈夫结婚了，到现在已经结婚两年了，这两年中，两人差不多天天都会有口角，有时还会大打出手，邻居报警过数次，女方还多次外遇。

"我不喜欢这样的婚姻生活，他限制我太多了，我喜欢无拘无束，那样才能带给我灵感，我才有创作的激情！"妻子说，"当初他答应给我足够的自由我才同意嫁给他的，结果现在不许我这，不许我那，我受够了！"

"你怎么解释呢？"我们转头问丈夫。

"是，之前我是答应给她自由，可是不能这么无限度呀！她的生活混乱不堪，别人早睡早起，她是想什么时候睡就睡，想什么时候起就起；吃饭也是，可以饿三天，也可以一顿吃下三头牛；工作起来更是疯狂，有时候在画室整整五天才出来！这都还算可以忍受，但她居然还在外面找别的男人，还不止一个，难道这也是自由的一部分？我受不了！可是吵也吵了，打也打了，还是无法改变她，我们家人都说她心理有问题，所以才来您这边。"丈夫无奈地说。

"你很在意自由？"我们抓住问题的关键，询问妻子。

"当然！一个人若没有自由，那活着还有什么意义！我要是没有自由，我就不是我了，也没有存在的必要了！"妻子斩钉截铁地说。

"什么是自由？"我们继续问。

"就是不受任何拘束。"她简洁明了地回答。

"你对自由的定义和看法，是什么时候形成的？"我们问。

"十五六岁的时候吧，就是你们说的'青春期'，那会儿就开始有人说我'无法无天'，哈哈！"说到这里她笑出了声，似乎回忆起了什么。

青春期是孩子们人生观、价值观形成的重要时期。如果继续问这个妻子，相信她一定有故事。当她年少时在"自由"与"自律"之间找平衡的时候，一定发生过一些事情，导致了她现在功能不良的价值观，给自己的工作、婚姻、健康等方面带来了巨大的影响。和她一样，很多处于青春期的孩子也会遇到这个冲突，也会需要寻找平衡。家长应该如何帮助孩子们来理解和应对呢？

● 弄清楚自由和自律之间的关系

人追求自由本没有错，可是没有了自律，生活就会像脱缰的野马难以驾驭，反而会为其所累。拿搭积木举例，可以让孩子自由地去堆砌任何他们喜欢的房子、城堡，可是在堆砌的过程中，他们必然要遵循"平衡力"定律，否则房子和城堡就会崩塌。按自己的想法堆积木是一种"自由"，遵循平衡力的定律是"自律"，如果不"自律"，过度的"自由"就是一种破坏。

● 有了自律的自由才具备功能性

有了自律的自由才是有功能性的。比如孩子们想要自由安排周末的时间，当然可以，前提是他明白他不能去做"黄赌毒"之类触及底线的事，这就是"自律"。所以，家长给孩子自由的同时，要让孩子明白限制是什么，要让孩子对自己的言行加以约束，管理好自己的情绪、生活、健康等，在自律的基础上自由地生活，这才是真正的自我完善、自我成长。

心理小课堂

在心理学上，自由是按照自己的意愿做事，就是人能够按照自己的意愿决定自己的行为。但这种决定当然是有条件的，它受到自己本身的能力、掌握的信息、外界环境的制约等限制。

6. 别总拿孩子跟别人比

作者丹·格林伯格在《让自己过上悲惨生活》一书中，诙谐地揭示了"比较"对人们的影响。他说，如果想要过上悲惨生活，那就去与他人做比较。这个观点也可以放到家庭教育中来，如果家长想要孩子心情低落，觉得自己的人生过得很惨，那么就拿他和"别人家的小孩"比一比吧！

萧何的妈妈带着他的一封信来到了诊室，信上这样写道：

妈妈：

我受够了，你能不拿我和表哥比吗？

从小你就拿我和他比，幼儿园的时候，你经常说他得的小红花比我多；小学的时候，每次拿到我的成绩单，你都要打电话问表哥他考得如何；现在初中了，表哥成绩扶摇直上，我却经常发挥不好，你便总是拿他"激励"我……偶尔我考得比表哥好，你却只是微微一笑，说什么"偶尔一次运气好而已，以后经常考高分才是真本事"。

你知道我有多厌烦这些吗？如果可以的话，我真希望我不是你的儿子，希望我没有这样的表哥！

萧何

2月8日

萧何是一个抑郁症患者，服药已经半年。我们多次嘱咐他妈妈，不要拿他和别人比较，可是妈妈经常做不到。无疑，人生是有比较才有竞争，有竞争才会更激发孩子的进取心，可是如果一个人一直生活在被"比较"中，他内心状态会如何呢？可能他会觉得"四面楚歌"吧，自己永远不能做到最好，永远不够优秀，家人或者身边的人永远对自己是不满意的……这样心境下成长出来的孩子，自信何来？幸福何来？

有一位教育家在他的报告中讲过这样的一件事：

我有一个邻居，他家的小孩刚上初中，成绩不太好，却非常好面子。

偶尔，我们家长之间也会因为大家的孩子都在一个学校而相互说说教育孩子的烦恼。这位孩子的母亲经常当着我们的面数落她孩子的不是。比如她总是会当着大家面说孩子有粗心、好动、注意力不集中、逆反心强等缺点。这位母亲还总是说别人家的孩子懂事听话，成绩好，不让家长操心，她的孩子怎么就没有这些优点。

渐渐地，和这个孩子一起同学的几个朋友几乎都知道了他的缺点，同时，我也发现这个孩子变得越来越孤僻、退缩，男孩与妈妈的冲突也不断发生。可见，这位孩子妈妈的"严厉管教"与不断比较，不仅让孩子丢了面子，也把孩子的自信心"比"丢了。

孩子的心灵就像水晶一样，一次次的"比较"就如同一道道的"划痕"，划痕多了，心，就碎了。每个孩子都有长处和短处，总看到别人的优点，把它拿来和自己孩子的缺点相比较，不是真正地激励孩子，而是在毁掉孩子的自信。

● 客观看待和评价自己的孩子

有这样一个被人们传为美谈的故事：

在杜鲁门当选总统后，一天，一位记者来拜访他的母亲。

记者笑着对杜鲁门的母亲说："有哈里这样的儿子，你一定感到十分自豪！"

杜鲁门的母亲微笑着说："是这样的。不过，我还有一个儿子，他同样让我感到非常自豪。他现在正在地里挖土豆呢！"

杜鲁门的弟弟是一位农夫，但是，母亲并没有认为这位做农夫的儿子是无能的。对她来说，每个孩子都令她感到自豪，无论儿子是总统还是农夫。

在接受记者采访时,杜鲁门的弟弟是这样评价哥哥和自己的:"我为哥哥感到骄傲,他将是美国最优秀的总统之一。但我同时也为自己感到骄傲,我是一名农夫,用自己的双手养活自己,照顾了父母。"

作为家长,要客观看待和评价自己的孩子,说说他的优点,说说他的缺点,让他知道"寸有所长、尺有所短"的道理,告诉他要向别人学习好的品行,他身上的优点也值得别人学习,这才能帮助孩子形成一个良好的心境去面对生活的风风雨雨。

● 不去比较,但给孩子树立榜样

不要拿孩子跟别人比较,但是可以给孩子树立榜样。两者的关系很微妙,主要区别在于"高度"。比如,当孩子学习不够钻研的时候,别说"别人家小孩"多刻苦,可以给孩子读一读名人故事,或者说一说孩子认识的一些长辈的过往,有了"高度",孩子内心觉得自己被比下去的负面情绪会降低很多。

心理小课堂

英国文学家培尔辛说:"除了人格以外,人生最大的损失,莫过于失掉自信心了。"家长的"比较",会慢慢地抹杀孩子的自信,易引起孩子负面情绪,影响孩子的一生。

7.家长如何控制自己的"怒气"

什么是生气?生气一般意义上是指因为某件事、某个人,我们心理或生理上不如意时产生的一种情绪。放到家庭教育中来,就是孩子的某些言行让父母感到伤心失望,没有符合父母的预期而产生的情绪。

春天是充满活力的季节,这天一早,诊室就走进来一个女孩,她叫枫儿,今年小学六年级,来到诊室的时候情绪低落、少言寡语,一点儿也看不到少女该有的如春天般的蓬勃朝气。

"这孩子怎么说呢,一点都不像我。我吧,从小动作就快,学什么也快,成绩很好,而她呢,从小就磨磨唧唧,成绩也一般般!"枫儿妈妈无奈地说,"比如,7点半到校,早晨的时间就像打仗一样要按分钟算的,大夫你懂得吧?我是催这催那,催到最后就要发一大通脾气!

以前发完脾气她还能动作快一点,现在可好,一点儿反应没有,而且还整天不想上学,就想在家待着,这不,已经在家休息一个月了,成绩就不用说了,肯定不行了,关键老师还隔三差五给我打电话,我都不知道说什么了。"

"孩子,你是这样吗?妈妈说的情况有什么更正或者补充吗?"我们问孩子。

"我不就是动作慢一点吗?多大点事儿呀!我妈的嗓门大,天天为了催我上学就冲我吼,楼上楼下都能听到。还和邻居、朋友抱怨,我现在几乎就是周围的'反面典型'。"孩子自嘲地说,"我不想去上学,不去上学就少了很多指责和烦恼,不然考得不好了她发脾气,做作业慢了她发脾气……我就没有哪里是做得好!"

"做得出来就不要怕人家说!"妈妈厉害地说,"我就是脾气大,怎么了,你倒是动作快一点呀,把事情做得又快又好我不就不发脾气了吗!"

"切……"女儿不屑地低声说。

"你这什么态度，啊？反了你！我就自己给自己找不痛快，多余管你！"妈妈拉起训斥的架势来。

爱生气的妈妈并不少见，孩子们眼中的一件"小事"极有可能引发妈妈的"大脾气"，这种"大脾气"如果持续地在孩子的成长过程中爆发的话，孩子可能刚开始会出于服从权威的心理有所"改善"，但是时间长了，尤其是到了青春期，"服从"会变成"对抗"，孩子会把父母的这种坏脾气当成一种对自己的"敌对"态度来看待，进而孩子在处理问题时也会用相应的"敌对"态度来应对，家长就会感觉孩子逆反了，家长如果不及时调整状态，局面会变得难以收拾。

● 家长的"生气"是一种正常的情绪

世界上有从来不生气的父母吗？答案应该是否定的。生气是一种人的正常情绪，必要的生气可以使人类更好地生存。否则一个从来不生气的人容易受到欺凌和压制，心理也会不健康。所以我们讨论的问题不是"如何不生气"，而是"如何控制自己的怒气"，也就是说，**我们可以生气，应该生气（比如孩子做得不对的时候），但是我们同时还要有管理情绪的能力**，就像上面案例中的枫儿妈妈，天天因为一些琐事发"一大通"脾气就有点过犹不及了。

● 建立一套灵活的情绪系统

建立一套灵活的情绪系统可以帮助我们很好地控制怒气,提高情商。这套系统其实很简单,就是当你意识到自己"生气"的时候,迅速分析令自己生气的事件以及自己想法,然后给自己的怒气打分(0分为一点儿都不生气,100分极度气愤)。比如上面的个案中,女孩早晨起来做事磨磨唧唧,本来15分钟能完成的事情非要拖到30分钟才能完成。那么事件就是"孩子早晨起来做事情慢",家长的想法是"孩子太磨叽,浪费时间",情绪为"生气",情绪指数根据当时的情况靠来打分,按照案例中枫儿妈妈"一大通"脾气的描述来看,情绪指数应该是在85分以上的。这些事情做完后,家长需要思考:我的情绪"生气"的分数合理吗?大多数家长遇到这样的事件生气的分值在多少?我的差距是多少等。在这套情绪系统的帮助下,家长的怒气会合理化,孩子能够"承受得住",不会给孩子的心理造成过多的压力。

如果家长是一个善于分享的人,那么也可以把这套情绪系统介绍给孩子,让孩子学一学如何控制自己的情绪,如何在负面情绪排山倒海而来时不断自我审视和调整,取得情绪上的平衡,让孩子的心智得到进一步的成熟。

心理小课堂

关于"情绪"的确切含义,心理学家、哲学家已经辩论了100多年。情绪是指伴随着认知和意识过程产生的对外界事物态度的体验,是人脑对客观外界事物与主体需求之间关系的反应,是以个体需要为中介的一种心理活动。情绪有20多种的定义,尽管它们各不相同,但都承认情绪是由以下三种成分组成的:第一,情绪涉及身体的变化,这些变化是情绪的表达形式;第二,情绪涉及有意识的体验;第三,情绪包含了认知的成分,涉及对外界事物的评价。

8. 批评孩子要讲究方法

批评的潜台词是:"你是错的,我是对的,你应该做出改变。"比如,老师批评学生:"你最近怎么不积极发言了?"其实,老师的潜台词可能是:"你不应该这样,这样是不对的,好学生应该积极发言,我有权利批评你,我从来都是正确的。"批评他人很容易,可是,**大多数批评只是一时冲动、不满和愤怒,不但没有启发和教育意义,反而会影响孩子的心理健康**。

雯雯今天早上无论妈妈怎么劝,都不愿意去上学了!之前雯雯和妈妈因为学校恐怖症一直在我们这里接受心理治疗,今天有突发情况,妈妈就把她带来了。

我们询问雯雯原因,原来事情是这样的:昨天上语文课,老师因为去开会,所以让班长雯雯管理班里的纪律,督促同学们不要讲话,安静地做作业。要知道,班级里的纪律本来就差,老师一不在,更是翻了天了!只有个别同学在认真、安静地写字,很多同学都是边写边玩,几个平时就调皮捣蛋的同学更是在班里追逐起来!

作为班长,雯雯大声地说:"你们都安静!都写作业!别讲话!"

可是雯雯的话就像石沉大海,同学们没有一点反应,依然我行我素。雯雯看大家都听不见自己说话,就爬到椅子上,更大声地说:"别讲话了!"

可同学们哪有那么听话啊,有的甚至跟着雯雯站上了椅子,扭屁股跳起舞来。雯雯着急坏了,本来想管好班级的纪律,可没想到让自己越管越乱了!

突然,整个教室安静了下来,雯雯回头一看,是老师回来了。

"你们吵什么吵,我在开会的会议室都听见了!"老师一进来就开口训斥。

"还有你,班长怎么当的,管纪律管成这样!自己还站椅子上去了!"

气急了的老师连雯雯也一同骂了起来。

本来就委屈的雯雯听见老师的数落,一下子就哭了起来……

晚上放学回家后,妈妈看雯雯的脸色不好,就问在学校是不是发生了什么不开心的事,雯雯忍不住又哭了起来,说:"我,我今天挨老师的批评了……"

妈妈听完事情的经过之后,劝了半天才把雯雯的泪水劝住,可是第二天要上学的时候,就出现了文中开头的那一幕。妈妈真是不知道怎么办才好。

雯雯最初来就诊就是因为学校恐怖症,一段时间的治疗后能够返校上学,可是没想到又遇到这样的情况。

老师的做法有待商榷,她仅仅是通过自己的直觉就坚定地认为自己是对的,高高在上地批评孩子。我们家长也经常这样做,看到孩子考得不好就开始数落他,看到孩子新潮的穿着打扮也忍不住念叨几句……我们对孩子的批评很多时候是不假思索的,这非常容易招致孩子的不满和怨恨,产生意想不到的消极后果。我们可以批评孩子,必要时候也应该批评孩子,但一定要讲究方式方法。

● 批评孩子之前问自己几个问题

批评是人际关系中的一种特殊的控制权，在亲子关系中尤其是。但是我们在行使批评权利的时候，却总是不具备真正的智慧，也不具备足够的爱心，所以很多时候我们的批评是徒劳的，甚至会导致消极的后果。如何避免这一点？在批评孩子之前，请你先问自己几个问题：我弄清楚事情的来龙去脉了吗？孩子的选择是否可能是正确的，我却因为经验有限才觉得他的选择不够明智？我的动机是为孩子着想吗，抑或是为了达到我自己的目的？当我们把这些问题都一一回答之后，再说出口的批评一定是诚恳、谨慎而积极的。

● 允许孩子批评自己

父母爱自己的孩子，必须要智慧地指出孩子的错误，同时，也要允许孩子指出自己的错误，彼此成为最好的批评者和建议者。好的亲子关系从来不是没有批评、没有冲突，只有"温馨美好"的，互相批评和建议，从另一个角度来说，能够有效地中和批评的副作用——伤心难过的情绪等，并且能够和孩子建立起真正牢不可破的、以爱为出发点的亲子关系。

心理小课堂

发展心理学家伯克说过这样一句话："在各种艺术日臻完美的同时，批评艺术也在以同样的速度发展着。"是的，我们不是生来就会懂得如何正确地批评孩子的，我们要一直不停地学习、进步、发展、思考，与此同时，不轻易地对孩子说："你是错的，我是对的。"

9.不要站在裁判位置赞美孩子

我们都知道赞美对孩子的教育意义,所以很多家长在对待孩子的时候毫不吝啬自己的鼓励和赞美。但是需要注意的一点是,家长是否把自己放在了裁判的位置上?如果是,那么很容易让孩子觉得我们的赞美是出于目的性的,令亲子关系造成隔阂。

絮絮是一个扬州女孩,高一,和爸爸妈妈不远千里来到北京找我们。刚进诊室的时候,她有一点忐忑,从病历来看,她还没有去过其他医院,想来可能是对心理门诊还有一些不熟悉的担心。

"你好,我们能帮助你什么呢?"我们首先开口。

絮絮说:"我不信任任何人,包括我的爸爸妈妈。他们觉得我有病,就带我来看了。"

"哦?为什么不信任爸爸妈妈?举个例子?"我们继续问,"如果需要的话,我们可以请爸爸妈妈出去,你单独和我们说。"

"没事,不用出去,可以当着面说。"絮絮回答。

"他们说的每句话都不是发自真心的,都是有目的的。表扬我不挑食,是为了让我多吃两口我不爱吃的苦瓜;表扬我努力,是为了让我考好成绩给他们争脸;表扬我孝顺是为了让我听他们的摆布……"絮絮的口吻带着明显的讥讽和失落。

爸爸妈妈对我所有的赞美都不是真心的,都是有目的的……

"爸爸妈妈表扬孩子,在你看来充满了目的性?"我们试探着总结。

"对,至少我的爸爸妈妈对待我是这样的。"絮絮肯定地说。

"看来你也知道,别人的爸爸妈妈不一定是这样的。

那么，为什么现在发展到不信任任何人了呢？"我们继续问。

"我的爸爸妈妈是这样，我忍不住要想，我身边的其他人是不是也是这样。同学夸我漂亮，我就想他有没有其他的企图；朋友说我的笔不错，我就想他是不是想让我送给他……我这样好累好累，可我控制不住自己去想，去琢磨……当然，我知道别人不一定如我所想。这一点不但没有缓解我的情绪，更让我难受，我觉得自己很无能，连这些事情都要想来想去，太没用了……现在我也不去上学了，不见人了，这样可以少想一点。"

这个孩子有强迫思维，此处不提其他的诱发因素，单就父母的"目的性赞美"来谈一谈。

絮絮的爸爸妈妈很明显非常清楚赞美的力量，但是他们对孩子的赞美缺少的是由衷的、发自内心的情愫，他们只是告诉孩子"这是对的，那是错的，你做对了，我们赞美你"，比如"你很孝顺""你不挑食""你很努力学习"等，都属于裁判色彩的赞美。与此同时，爸爸妈妈还希望利用自己的赞美，让孩子朝着自己希望的方向去成长。这样的赞美一般来说无法持续地发挥作用，**孩子一旦意识到家长赞美的目的是为了操纵他们，那么很可能就会产生逆反心理，并且将来对他人由衷的赞美也会心存疑虑。**

● 每个人都有被赞美的渴望，也需要赞美的力量

虽然我们很多人在听到赞美的时候会有点不好意思，但是不容置疑的是，我们都渴望得到他人的肯定和赞美，而有了赞美的力量，我们也会更努力让自己变得更好。

心理学家赫洛克曾做过一个实验，他把受试者分成4个组，在4个不同诱因的情况下分别完成任务。第一组为激励组，每次工作后予以鼓励和表扬；第二组为受训组，每次工作后对存在的每一点问题都要严加批语和训斥；第三组为被忽视组，每次工作后不给予任何评价，只让其静静地听其他两组受表扬和挨批评；第四组为控制组，让他们与前三组隔离，且每

次工作后也不给予任何评价。

实验结果显示,前三组的工作成绩都比控制组优秀,表扬组与训斥组显然比忽视组优秀,而表扬组的成绩不断上升。

赫洛克的这个实验说明:对于孩子的进步及时给予评价,能够强化孩子的动机,对孩子所做的事情能起到促进作用。而适当表扬的效果显然比批评要好,批评的效果要优于不给予评价。马克·吐温也曾经夸张地说过:"只凭一句赞美的话,我就可以多活两个月。"赞美是教育孩子的"法宝",可是如何利用好这个"法宝"是需要家长三思的。

● 赞美孩子的"三要素"

抓住下面三个要素来赞美孩子,会得到比较好的效果。①要告诉孩子,他做了什么(描述客观事实);②告诉孩子为什么他的行为值得人赞美,他的行为满足了他人什么样的需要(描述心理需要);③告诉孩子我们的心情如何(描述感受)。三者以什么顺序出现无所谓,不影响效果。比如,孩子帮我们捶背,我们可以说:"你帮我捶背,让我的酸痛减轻了很多,我正需要有人这样帮助我,我很欣慰。"这样的赞美比一句简单的"你真是个孝顺孩子"要更为合适。

心理小课堂

强迫思维指以刻板的形式不随意地反复闯入个人脑海的观念、表象或冲动。这些思想、表象或意向对当事人来说,是没有现实意义的,不必要或多余的,当事人能够意识到这些都是他自己的思想,很想摆脱,但又无能为力,因而非常苦恼。

10. 好孩子不是惩罚出来的

作为家长，你惩罚过孩子吗？我们相信大多数家长惩罚孩子是为了让孩子意识到自己的过错，并且让孩子感到懊悔，最终改变自己的行为，效果怎样呢？有一部分孩子可能会增加对家长的敌意和抵触，表现为"拒不合作"；有一部分孩子可能约束了自己的言行，但他们内心是否受到伤害呢？我们无从知晓。

小申是一名初三学生，身材魁梧，175的个头，体重看上去有150斤，他来到诊室是因为在家里动手打了父亲，父子关系紧张。

据小申描述，事情是这样的：

"那天，我们上体育课，初二有一个男孩来挑衅，我就动手打了他。结果就那么不巧，被校长看见了，于是校长就把我带进了校长室，又叫来班主任和我父亲。"

"嗯,他们怎么处理这件事情的?"我们继续问。

"批评我了,让我写检查。"小申低头说,"可回家了以后我爸就狠狠揍了我一顿,你说,这事本来就不是我的错,他不来挑衅,我至于动手吗!老师冤枉我就冤枉了,我都习惯了,我爸还要回家揍我!我上哪儿说理去!"

"所以你就还手了?"我们问。

"是啊,不然呢?动手才能解决问题不是吗,我一动手我爸就不敢拿我怎么样了,不孝就不孝吧,爱咋咋地!"小申倔强地说。

学校对小申的惩罚是"写检查",父亲对小申的惩罚是"打",而小申对待两种惩罚显然是拒不合作的态度,并无悔改之意,即便小申写了检查,也是敷衍了事,并不是真心悔改。父母和学校的态度长此以往一定会加重孩子的逆反心理,最终导致"管"不住孩子。

小申是这种情况,还有一部分孩子面对惩罚显得"顺从"得多,一旦犯了错就乖乖接受惩罚,尽量不再犯。看似惩罚有效,可是家长有没有细究过,孩子接受惩罚的背后,会不会是一种对压力、对权威的屈从呢?如果是,那么必然是以孩子的自尊、自信为代价的。要知道,身心健康的好孩子,从来不是"惩罚"出来的。

● 惩罚的类型

惩罚有很多种类型,其中最常见的就是体罚,比如打、罚站、关小黑屋等。体罚有一个极大的隐患,如果孩子的性格胆小,对体罚极为恐惧,那么家长这么做就很容易让孩子认为父母不爱自己,并且对他们的心灵造成伤害。另外,体罚会让孩子习得一个观念:暴力是解决问题的最终办法。在将来遇到冲突或者解决不了的问题时,孩子们会下意识地用暴力去应对,这对孩子、对社会都会造成极大的不良影响。

除了体罚外,惩罚还包括指责、否定、冷暴力等。如父母指责孩子"自私""不尊师重道",不给孩子零花钱,不许孩子出去玩等,都属于惩罚的范畴。它们虽然没有体罚那么极端，但是试问惩罚孩子的家长，即便惩罚能带来立竿见影的效果，难道其他方法就无法达到同样的效果吗？

● 惩罚的代替方法

既然对惩罚提出了质疑，就必须要找到解决的方法。当孩子犯错，我们需要教育孩子的时候，该用哪些方法来替代惩罚呢？

第一，用结果来代替惩罚。比如，孩子在学校打架，一般来说父母可能会惩罚孩子，或批评，或打骂。这时候可以尝试用"结果"来代替这种惩罚。孩子打架必然会有自然的结果，比如老师的责备，甚至学校会有处分，还有被打学生的家长的责问等，家长可以让孩子自己去应对，去承担这些结果，而不要把这些"风雨"一肩挑，只是关起门来惩罚孩子。当孩子自己去面对这些结果之后，在下次动手前，他会考虑多一些，可能仍然会冲动，但是**只要他能多思考一分钟，就是成长的体现。**

第二，用负奖励来代替惩罚。平时孩子做得好的时候，我们会给孩子奖励，比如玩游戏20分钟、国外旅行等，当孩子犯错后，可以从这些奖励中扣除，这对孩子来说就是"负奖励"而不是"惩罚"，两者对孩子在心理意义上区别很大，家长可以在征得孩子同意的前提下，用奖励和负奖励的方式来处理问题。

第三，强化孩子好的表现。强化孩子好的表现永远比惩罚不良行为的效果好得多。

陶行知先生当校长时，该学校有一位小男孩因为拿石头砸同学的头而被投诉。先生让小男孩到他的办公室来一趟。

先生进门后，掏出一颗糖给了小男孩："你比我先到，证明你重视这件事，值得表扬。"

小男孩露出惊讶表情。接着先生掏出了第二颗糖："我让你停止，你就立即停止了，值得表扬。"

小男孩差点哭了，内疚地说："先生我错了，即使那位同学有多大的错,我也不应该这样。"

先生掏出第三颗糖:"你已经认识到了自己的错误,我们的谈话也结束了。"

如果可以的话,家长要尽量强化孩子好的表现,这能帮助孩子反省自己的不良行为,改正错误也就会更积极,同时,更为重要的是,孩子还能从家长身上学习到"宽容"——这是处理问题和冲突最好的方式。

心理小课堂

惩罚的原理为,如果一个行为发生后,带来的直接结果令人不快,那么这种行为可能减少重复发生。行为主义心理学的研究建议:在行为习惯的形成上要多用正强化(鼓励、奖励),慎用惩罚。

11. 按需供应"父母之爱"

你养宠物吗?人们可以亲近它,爱抚它,它也听话,讨人喜欢,对一些人来说,宠物就像自己的"孩子"一样。但实际上,抚养一个孩子比养一个宠物要复杂得多,为什么?因为孩子会充分表达自己的想法。

在养宠物的时候,人们会把自己的想法和感受投射到宠物身上,教它们规矩,教它们玩游戏,如果它不听话,我们也会批评、惩罚,实在不行,就把它送到宠物中心驯养。但是,宠物想这样吗?它们不会深入地思考,不会充分地表达,所以任由我们摆布,使它们变成了我们想要的样子。而孩子不同，尤其到了青春期，孩子们有独立的观点和见解，他们会"说"出来，我们必须尊重孩子，和孩子进行良好的沟通，如果孩子不依照我们的想法行事，我们也不能强硬地把他送去某个地方"改造"，我们需要不断地调整自身，去适应孩子，给孩子恰当的爱。

面对一个会"说话"的孩子，在亲子关系中最明智的做法是：**孩子需要多少爱，就给孩子多少爱，按需供应，不要吝啬，也不要滥用。**

● 克制"爱"的滥用

什么是爱的滥用？下面的案例值得深思：

小牧本应该上初三，可是辍学在家。他有一个哥哥，高三，也辍学在家。两个男孩和父亲母亲一起来到诊室寻求家庭治疗。

父亲很疲惫，他说："孩子的妈妈有抑郁症，好多年了，我尽自己一切力量去照顾他们。每天早晨我都5点起床，给他们三个做好早饭之后，给他们准备好洗漱用品和换洗衣服，等孩子吃完早饭就送两个孩子上学，送完回来后，我就开始帮他们打扫他们的房间，洗衣服买菜，然后陪孩子妈妈出门散步——尽管我很讨厌散步。等孩子放学，我就开始辅导孩子功课，准备晚饭。我每天的时间表安排得很满很满，努力成为一个好丈夫、好父亲。"

"你这样做，不觉得辛苦吗？"我们问。

"当然辛苦，可是我能怎么办呢？我在一天，就要照顾好他们一天，作为丈夫和父亲，这是我应该做的。"

这个父亲看上去是一个好父亲，但是他的做法剥夺了妻子和孩子独立成长的机会。子女本应该学会自立，他却一手包办；妻子本应该承担母亲和妻子的角色，也被他大包大揽。物极必反，当他给家人的爱超出了理性的范围，那么就是一种伤害。**越俎代庖地去照顾有能力照顾自己的人，只会让对方产生更大的依赖性，这就是爱的滥用。**要想让家人健康，拥有健康的亲子关系，就需要克制爱的滥用，让孩子学会自尊自爱，学会自我照顾。

● 不要吝啬自己的爱

爱除了滥用,另一个极端就是吝啬付出自己的爱。

著名心理学家罗洛梅说过:"如果用现代心理分析工具,去分析每个人爱的意愿,我们会发现,爱的意愿的本质就是关注,为了完成意愿所需要的努力,就是关注的努力。"在对孩子付出爱的时候,关注是一种常见的表达方式。我们爱某一个人,一定会关注对方,而且会把自己的想法放到一边,调整心理状态,适应对方,而一个吝啬对自己孩子付出爱的父母,一定是一个不关注自己孩子的父母。

什么是关注?关注是一种实际行动,是一种付出,换个通俗易懂的方式来说,整天在嘴边挂着"孩子我爱你"的父母不一定是真正爱孩子的父母。可能说这话的父母"光说不练",而放下手机和孩子聊一会儿天,下一盘棋,讨论周末怎么过的父母,才是真正关注孩子成长的父母,爱孩子的父母。

所以,**家长需要让自己的"积极关注"落实到行动中来,这才是真正爱孩子。**当然,懒惰是人性的一种,对孩子不吝啬付出自己的爱,就是让我们摆脱内心的惰性,去战胜自己内心的"不愿意",爱可以使我们有勇气去战胜自己。

心理小课堂

罗洛·梅,美国存在主义心理学之父,也是人本主义心理学的杰出代表。20世纪中叶,他把欧洲的存在主义哲学和心理学思想介绍到了美国,开创了美国的存在分析学和存在心理治疗。他的著述颇丰,推动了美国人本主义心理学的发展,也拓展了心理治疗的方法和手段。曾两次获得了克里斯托弗奖章、美国心理学会颁发的临床心理学科学和职业杰出贡献奖和美国心理学基金会颁发的心理学终身成就奖章。

12.中年危机的父母VS青春期的孩子

关于青年、中年、老年的划分，不同组织有不同的标准。目前的一般共识是，19～34岁为青年，35～59为中年，60岁以上是老年。当孩子进入青春期，大多数家长也进入了中年，而人到中年，中年危机是不可避免的。

著名心理学家克·艾瑞克森曾经列举了人生八种危机，中年危机就是其中之一。**中年危机的父母，会遇到"老化"的威胁，部分工作受到年轻人的"挑战"，子女开始遇到桩桩件件的人生大事，中考、高考、就业、成家。这些变化很容易破坏长期养成的生活习惯和心理习惯，产生焦虑、紧张、自卑等情绪。**中年的家长如果不能有效地调整负面情绪，很容易和青春期的孩子"闹僵"。

桃桃进入诊室给人的感觉不同于其他来访者，她神采奕奕，表情自然，进门后主动点头微笑，轻轻落座。看到被她梳理地服服帖帖的马尾和利索的短款大衣，我们就知道是个爱干净、行事爽利的人。

陪同桃桃一起来的是她的父亲母亲。母亲看着很温柔，皮肤白皙，有些中年发福；父亲一点儿也没有"油腻大叔"的样子，简单的休闲服显得人很年轻，甚至比同龄的妈妈还要看上去年轻些。

"本来我们家一直挺好的，最近几个月吧，孩子对她爸爸'鼻子不是鼻子，脸不是脸'，我们以为是青春期，没多在意，想着这个岁数的孩子都这样，长大就好了。可是最近正在办理出国的事情，本来桃桃同意去的，但紧要关头她突然说不去了。问她原因就是不说，狠狠瞪着她爸爸，我们才觉得事有蹊跷。"妈妈简单说了事情的来龙去脉。

"有没有和孩子好好谈谈呢？"

"当然有啊，可是孩子就是不说。咱们这儿不是有家庭治疗嘛，就想着过来让你们给开导开导。她留学的事情都办得差不多了，就差临门一脚了，这时候出状况，以前的努力等于全部白费了。"

我们留下桃桃单独谈话，桃桃等父母出门后，起身再次确认了门是否锁好，才对我们说出了实情。

"我爸找了个小三儿，我无意中在他手机支付宝的聊天记录里看到的"，桃桃轻声对我们说，"我没告诉我妈，也没有和我爸摊牌，这种时候我怎么走呢？我一走，家散了怎么办！"

桃桃是一个家庭观念很重的孩子，希望自己的"小家"不散，所以她的行为是可以被理解的，后面笔者心理咨询的重点放在了"牺牲自己前途"这样的处理方式是否是最恰当的方式上，并向她解释了父亲这样很可能是遭遇了中年危机，作为孩子应该如何正确面对这件事情。

● 不做触碰孩子底线的事情

中年危机的家长很可能在事业、婚姻上遇到"红灯"，**面对青春期的孩子，最不能做的事情是隐瞒和撒谎，尤其是一些触碰孩子底线的事情。** 当然，每个孩子的"底线"都不同，有的孩子对"出轨"无法接纳，有的孩子却认为父母都有追求自己所爱的权利。所以，弄清楚自己孩子的底线在哪里，轻易不要触碰。

● 死亡的恐惧造成了各种危机

生命本身是残酷的，我们在享受生命喜悦的同时，也要面临对死亡的恐惧。两千多年前的古罗马哲学家塞内加说过："人生不断学习生存，人生也不断学习死亡。"我们生的同时，"死"也随时伴我们左右。人到中年，会经历各种死亡的体验：亲人的离世，朋友的重病，甚至陌生人遭遇的突如其来的车祸，这些都会让我们意识到生命的脆弱和残酷，会让人觉得不管怎样努力，人生的意义到最后都会荡然无存。于是，在对死亡的恐惧下，各种四伏的"危机"便冒了出来：找"小三"可能是对自己魅力的信任危机；贪污腐败可能是对自己能力的危机……

生与死是一枚硬币的两面，我们能克服对死亡的恐惧，顺利度过中年危机吗？答案是肯定的。方法只有一种，那就是经由心智的不断成熟，心理力量不断增强，坦然面对生与死。这么说有点深奥，举个简单的例子就能明了：3岁小孩想吃一颗糖果，可是撕不开包装纸，这在他眼里是个天大的难题，他为之哭，为之闹，为之痛苦，而这个小孩眼中的难题到了我们成年人手上，成年人会觉得很简单，根本不会因为解决不了而痛苦，这是因为成年人比小孩心智成熟，知道如何去应对这个难题。所以，面对死亡，我们需要做的是认清死亡的本质，理解死亡的意义：旧的事物消失，新的事物诞生。当我们认清了，理解了，接纳了，我们就能让这种恐惧逐渐降低，危机自然也就不复存在。

心理小课堂

米尔顿·艾瑞克森认为的人生八种危机是：基本信任和不信任的心理冲突（0～2岁）；自主、害羞和怀疑的冲突（2～4岁）；主动和内疚的冲突（4～7岁）；勤奋和自卑的冲突（7～12岁）；自我同一性和角色混乱的冲突（12～18岁）；亲密和孤独的冲突（18～25岁）；生育和自我专注的冲突（25～50岁）；自我调整和绝望的冲突（50岁以上）。

第二章

与青春期孩子沟通有方法
别和孩子较劲,

1. 不对孩子进行道德评判

为什么有的家长明明很爱孩子，却很难让孩子体会到父母之爱？尤其孩子到了青春期之后，甚至有的家长还要遭受到孩子的质疑和否认——你根本不爱我！其实，很有可能是父母和孩子在沟通中出了问题。**父母的一些话伤害到了孩子，孩子在父母的表达中体会到了敌意，这份敌意大过了孩子体会到的爱意，所以他们觉得受到了伤害，觉得父母不爱自己。**如何规避这一点呢？不对孩子进行道德评判是沟通中的第一要务。

● 道德评判的内涵

什么是道德评判？这四个字看似深奥，但是其实意思很容易理解。举个例子，你是否对孩子说过"你对人不礼貌""你太自私了""你太懒了"之类的批评、指责？这其实就是在对孩子进行道德评判。我们每个人都有自己的价值观，比如"对人应该有礼貌""做人不能太自私""要有良好的生活习惯"。这些价值观放在自己身上没有错，但是在评判他人时，比如评判孩子时，直接说出自己的道德评判却是有失公允的，因为孩子可能仅仅是"某一次忘记和人说谢谢"，他以前有过那么多礼貌的时候，就因为一次不礼貌就要受到家长的负面的道德评判吗？孩子可能体会不到这么深刻，他们只会意识到自己内心有委屈、有不平。有的孩子也会接受批评、做出让步，但内心通常是不心甘情愿的，或迟或早，家长会发现孩子慢慢地变得难以沟通、对自己不再友好了。

● 区分现实与评判

知道了道德评判是怎么回事之后，家长如何控制自己不对孩子进行道德评判呢？懂得区分"现实"和"评判"是关键。

小宇已经有三天不和妈妈说话了，这次来到诊室是他们这几天来第一次"语言沟通"。

"我妈妈实在是没法儿说，我做什么都是错的，我就不该生下来。"小宇一开口我们就感受到了他满肚子的怨气。

"发生了什么？"我们询问道。

"天天早晨起来就开始数落我，烦都烦死了。那天，我刚起床，她就说'你看看你，被子不叠，脏衣服扔得到处都是，也不放进洗衣机，什么都要我这个当妈的来做，你怎么那么懒，我就活该给你当牛做马吗'，我一听不就来气了吗？我这刚起床，还没来得及收拾呀！"小宇愤愤不平地说。

"那你和妈妈解释了吗？自己还没来得及收拾才会如此。"我们继续问道。

"说了，她不信啊，她就说'我还不知道你，扔那儿仨小时也不会收拾'，然后就开始说我脾气大，不尊重她，会顶嘴了，学习也不好，她太操心了……接下来我们就开始冷战了，我说多错多，就干脆不说了吧。"小宇一口气把话说完了。

我们对妈妈说："在家属团体教育里面，我们提起过怎么和孩子沟通对吗？区分现实和评判是最重要的，你数落孩子的时候有没有给孩子下道德评判呢？"

妈妈沉默一会儿说："有，我说他懒。"

"很好。一个人是不是懒本来也是没有标准定义的。怎样算懒，怎样算不懒呢？他在你的价值体系里面可能是属于懒的，但是在我的价值体系里面可能还算不上。并且，我们主张的是客观描述现实，不评判。如果再回到那个场景，你会怎么和孩子沟通？"

妈妈低头，思考了一下，说："我想，我会说'我看到在书桌下有你的两只脏袜子，电视机旁边有换下来的秋衣秋裤，我不太高兴，因为我看重整洁，现在你的房间让我觉得有点乱，你愿意把脏衣服拿到洗衣机里面吗?'"

"非常好。小宇,如果你听到这句话你会怎么做?"我们转头问孩子。

"会觉得有点不好意思吧,然后把它们放进洗衣机。"小宇说。

"你看,一句话可以造成三天的冷战,一句话也可以把问题和平地解决。"

沟通的第一要素是区分现实和评判,需要了解的是,家长不是不做评价,只是强调区分现实和评价的重要性。如果家长将现实和评论混为一谈,孩子将倾向于听到评价,有可能会引起逆反心理。还是上面的个案,比如,"脏衣服扔得到处都是,你怎么那么懒"就是把现实和评价混淆起来了,很容易让孩子认为家长在批评他,产生逆反心理("到处都是""懒"是评价性字眼)。而"我看到在书桌下有你的两只脏袜子,电视机旁边有换下来的秋衣秋裤,我不太高兴,因为我看重整洁,现在你的房间让我觉得有点乱"就把现实和评价区分了开来,让人容易接受得多。

对大多数人来说,区分现实和评价不太容易,但如果家长不学着这么做,孩子就有可能会产生逆反心理,而不愿意做出友善的回应。因此,区分现实和评价对良好的沟通而言十分重要。

心理小课堂

苏菲派诗人鲁米写道:"在道德与不道德的区分之外,有片田野,我在那里等你。"这句话值得家长深思:孩子不是只有好与不好、聪明与蠢笨、正常与不正常……还有很多中间地带,我们的孩子在面对我们的道德评判时,会充满敌意。

2.爱和陪伴是良好沟通的基础

人们都有自己深爱的东西，比如男人爱车，女人爱包。男人对待自己的车会定期给它保养，每周洗几次车，有个划痕都心疼半天；女人更不用多说，有人戏言"包"治百病，女人只要买到了心仪的包包，一切忧伤都会变成浮云。那么，对待我们深爱的孩子你是如何做的呢？你每周花多少时间陪伴孩子？你的爱是只在嘴上说说还是落实到了生活？你给的爱是孩子需要的爱吗？孩子认为你爱他吗？提及爱和陪伴就会引申出好多的问题，这是因为看似简单的四个字，却真的很难。

孟飞15岁，父母平时工作很忙，一家人很少聚在一起。上初中后和父母关系紧张，看过很多心理医生和咨询师，参加过很多家庭团体治疗，均无效果。

"大夫，这孩子自从上了初中之后就变得越来越怪，话没说两句就容易和我们起冲突，用自杀威胁我们！"

提及自杀，我们细心地观察了一下孟飞，1米75左右的个子，壮壮的，寸头，戴着手套。经过他的同意，我们替他摘下手套，发现手背上满是伤疤，新旧层叠，数不清有多少道，我们不由得心下一紧。

"这伤疤是怎么回事？"

"最开始他说自杀我们没有理他，以为他就是吓唬我们，等他突然推窗子看样子真要跳，我们才意识到他是来真的。我们拦住了他，他就开始自残，拿刀划自己，那是第一次，以后我们之间再有冲突，他就自己伤害自己。"

"刚刚你说孩子上了初中以后就变得越来越怪，怎么个怪法？"

"比如，上课老师让写作文《妈妈，我爱你》，他会突然站起来对老师大声说，这作文儿没法写，爱什么爱！"

"看来孩子对你们夫妻俩意见很大呀！"

"可不嘛，我们现在轻易连话都不敢说，我们也委屈啊，你说我们起早贪黑为了谁，还不是为了他，就像现在到处带他看病，我们不辛苦吗？他倒好，不体谅我们也就罢了，还说我们不爱他……"

"嗯，你们平时的冲突是什么样的？举个例子可以吗？"

"就比如，他想买限量版的什么球鞋，8000多人民币啊，我们不同意，他就开始发脾气，摔东西，说我们连钱都不愿意给他花，还说什么爱他！"

"是挺贵。他怎么爱买这么贵的东西啊？"

"小时候我和他爸爸都忙，基本上不陪他玩儿，他自己上小学时候就带个钥匙，放学了去小饭桌吃完晚饭就回家写作业。我们心里也挺愧疚的，所以一般他要什么我们就给买什么，一开始买的也不贵，就是机器人或者其他玩具什么的，贵的也有，但是不多，现在他是什么贵就买什么！"

"你们就这个问题交流过吗？"

"当然有啊，我们就直接告诉他不给他买了，然后他就和我们吵架，知道自己不占理儿就要自杀。而且现在发展到不是买东西一个方面，比如简单的吃饭，我们3个人做上5个菜足够了，结果他非要10个菜，我们不同意他就开始闹。"

母亲说到这里，笔者猜测，孩子买东西、自杀这些行为的背后其实是在问父母"讨爱"。他用他的方式在印证父母对他的爱，在核实父母是不是爱他，而这么做的原因就是他认为自己的父母不爱他。虽然父母"起早贪黑"，带他"四处求医"，但他认为父母还是不爱他。而亲子关系中一旦孩子认为自己的父母"可能不爱他"，那么良好的亲子沟通基本上是不可能的。

● 问问孩子："你觉得爸爸妈妈爱你吗"

有机会，问问自己的孩子，他觉得自己的爸爸妈妈爱他吗？如果他说不爱，那么一定需要引起重视；如果他说爱，你还要接着问"为什么"。也许他会说："因为我成绩好，因为我懂道理，因为我……"孩子一旦这么说，家长要敏感地意识到，孩子认为我们的爱是"有条件"的，如果他们达不到条件，这份爱就会动摇。但事实上，父母爱孩子，仅仅是因为他是我们的孩子，没有其他"附加条件"，不然，隔壁家那个"模范孩子"我们为什么不去爱？

● 给孩子充分的爱和陪伴

良好的沟通一定是以爱和陪伴为基础的，也就是说，爱和陪伴如果缺失，再有技术含量的沟通技巧也挽回不了和睦的亲子关系。案例中的主人公孟飞，自小就太缺乏父母的爱与陪伴，所以他长大后需要去印证。在后来的治疗方案中，笔者很长一段时间只要求父母陪伴孩子，高质量地陪伴，不是他看书而父母坐在旁边玩手机，而是细心地去观察孩子的喜怒哀乐，进入孩子的世界，做孩子的朋友。只有爱和陪伴充足了，孩子才有可能脱离现在的状态，重新走入正常的成长轨迹。

心理小课堂

根据近年的数据，在某一年的研究中，英国有超过1.3万名15～19岁的女孩、超过4000名男孩因为自虐而被送入医院，这比前一年增长了10%。在美国，某一年约三分之一的青少年群体（包括7%的初中生、15%的高中生）曾试图尝试非自杀性自伤行为。

3. 做一个令孩子信任的父母

《现代汉语词典》里对"沟通"是这样解释的:"使两方能通连。"而通连的基础之一就是信任,你信任我,我信任你,我们才可能说出自己的"心里话",与对方产生"通连",如果信任感不存在,"沟通"就是一句虚话。

小楚进门后就一直低头不语,他头发染得蜡黄,穿着皮夹克,破洞牛仔裤上满是污渍,坐姿就像"瘫"在椅子上一般,让他说说为什么来找我们,他只是一声轻笑,根本不愿意"搭理"我们。

父母开口对我们说,小楚上高二,经常无故产生敌对心理,疏远父母,几乎没有什么朋友,生活更是混乱不堪,他除了不好好上学以外,还经常与人起冲突,抽烟酗酒,斗殴游荡,被带去公安局是常事。学校管不了,父母也焦头烂额,不知道如何与他沟通、让他改正,只能送医院来看看从心理上是否能够帮助他。

父母一顿"控诉"完,我们问小楚:"你觉得父母说得对吗?"

"哼!"小楚开口说,"他们是骗子,只是想让我被关进医院,不要让他们丢脸!"

看到小楚开口了,我们很欣喜,便让父母出去,留下小楚,让他继续说说,为什么父母是"骗子"。

父母离开后,小楚挪了挪坐姿,稍微端正了一些,对我们说:"他们说什么都是假的,那根本不是事实。我经常跟人起冲突?我是为什么起冲突?是因为那些人伤害了我。我抽烟酗酒,抽烟酗酒也是'罪过'吗?多少人抽烟酗酒?"

"你的意思是,爸爸妈妈只说了事实的一部分,断章取义了,对吗?"

"别跟我说什么成语,我不懂。收起你们这副假惺惺的嘴脸,我见得多了。那些所谓的老师、朋友、警察,包括你们,面儿上看着对我特别尊重、有耐心、想帮助我,实际上呢,你们心里没准儿嘲笑讽刺我多少次了!"

"嗯，确实有一部分人是这样的。那么你的父母呢？他们也是这样吗？带你来这里是假惺惺的？其实并不在意你好不好？他们不值得信任？"

"是啊，他们只是怕我给他们丢面子，我从来不信任他们！"

"从什么时候开始，你不信任他们的？"

"从小就是啊，说给我过生日送我遥控汽车，到日子了，却随口说一声'忘了'；说陪我去爬泰山，结果也是不了了之，理由是'太忙'；说四点来学校接我，我一等就等到六点！"小楚越说声音越低，我们听出了一些心酸。

听到这里，笔者心中有了一条主线：小楚的父母显然是不被他信任的。这个观念在小楚的成长过程中不断被强化，等到现在他长大了，这个观念泛化成为"任何人都是不可信任的"，所以才会出现他父母口中的"无故产生敌对心理""没有朋友"等情况。也许在后续的咨询治疗中我们还会发现其他原因，但是初步的接触让我们认为至少这个原因是存在并且对他产生影响的。

● "不信任"感会在青春期被无限泛化

不信任感不是一蹴而就的。当孩子还小的时候，一次两次的"不信任"事件不会让他们对父母的信任产生危机，因为父母的"权威"，孩子们会一次又一次给父母机会——或者说一次又一次给父母伤害自己的机会。到了青春期，孩子的独立自主性充分发展，这种不信任感会无限泛化，他们也许会认为凡是某种权威，能够给予他什么东西的人，都是不可信任的。同时，这是一种泛化，也是一种防御，因为如果他依然相信世界上很多人是值得信任的，很多父母也是值得信任的，他会无比痛苦，因为他的童年是如此"悲惨"，所以只要相信"所有人都不可信"，那么自己就还没有那么"惨"，而这种信念会让他们没有朋友、充满敌意、挑衅权威。

● 处理好"不信任"事件

"做一个令孩子信任的父母"，如何做不用在此多说，对孩子说话算话就可以了。需要多说两句的是，如果一旦"不信任"事件发生了，家长应该如何处理好孩子的负面情绪，不要在孩子的心理留下阴影。

第一，家长要对孩子诚恳地道歉，并且解释来龙去脉——就像对待你的朋友一样，甚至要像对待领导一样，毕竟"出尔反尔"的一方是错误方，低姿态是理所应当的；

第二，要提出补偿策略，比如不能出去玩了，那么可以让孩子去看个电影，或者下周再去等，有了补偿，孩子心中的不满会去除很多；

第三尤其重要，要对孩子郑重承诺"下不为例"，这也是家长对自己的鞭策。如此的"三步曲"一走，基本上不信任感的负面影响会降低很多，与孩子的沟通也会顺畅很多。

心理小课堂

在心理学中，所谓"泛化"指的是引起来访者目前不良的心理和行为反应的刺激事件不再是最初的事件，而是同最初刺激事件相类似、相关联的事件，甚至同最初刺激事件不类似、无关联的事件（完全泛化），也能引起这些心理和行为反应（症状表现）。

4.强势父母会把孩子越推越远

强势的父母是笔者在诊室最常遇到的一类父母，家长对孩子的干涉和否认经常会摧毁孩子的心理健康。

小青是一个漂亮的女孩，初一学生，母亲带她来到诊室时她一脸抗拒，站在诊室门口迟迟不愿意进来。

"之前说得不是好好的吗？你又怎么了，快进来！"母亲呵斥道。

女孩心不甘情不愿地进了房间，坐定后立即表明了自己的态度："你们要问什么，快问吧！说完我就走！"

"你这孩子什么态度！没有教养！我是怎么教你的！"我们还没来得及开口，母亲就在诊室里训斥起孩子来。

"我就是没教养，你喜欢有教养的女儿重新生一个去！"女孩腾地一下从位置上站了起来，夺门而出。

母亲来不及拦，我们连忙让母亲去追女儿，母亲说父亲在外面，会看着她的，没事，于是重新坐下和我们说起了她和女儿的故事。

这个母亲是小学的老师，女儿的小学也在她工作的学校上，低年级还好，中高年级的时候女儿就开始跟她"对着干"。比如，她规定女儿每天晚上放学回家必须先写作业，再吃饭，最后有时间再玩儿。女儿低年级时候很听话，可是到了四年级压根儿不按照"规矩"来，母亲生气地说："你看看这个孩子，先做作业不是应该的吗？我哪里错了！她就是不照着做！"

"她不照着做之后，你是怎么对待她的呢？"

"我就骂她呀，急了用板子打！"

"你怎么骂的？怎么打的？"

"我就骂她'自甘堕落'，这样下去是没有前途没有希望的，诸如此类的吧。我也没有打她多少次，多数是拿板子打手心。"

"这样打骂有效果吗？"

妈妈沉默了一会儿，说："有，但是是暂时的，现在怎么打怎么骂都没有用。"

怎样的父母是强势的父母？**不顾孩子感受，把自己的想法强加给孩子，然后让孩子必须按照他们的"规矩"来生活的父母就是强势的父母。**这样的父母往往会非常"理性"，比如上面案例中小青的母亲，作为一名教师，她知道"回到家先写作业"是好习惯，一旦孩子不照做，她就会站在"有理"的一方，强势要求孩子照做，并且认为自己这样做是对的。殊不知，自己的强势会把孩子越推越远，产生深深的沟通障碍。

● 定规矩要和孩子商量着来，否则就是干涉

也许家长要有疑问，如果让孩子"回到家先写作业"就是强势父母，就是干涉孩子的父母，那么怎么做才能不强势、不干涉呢？这些好习惯、好规矩难道就不能定吗？

好习惯、好规矩当然要定，但是要和孩子商量着来，不是让孩子完全听家长的，一旦不听就站在"有道理"的制高点数落孩子，如果这样做那就是强势的父母，干涉孩子做决定的父母。

比如看到孩子回到家没有先写作业，可以这样和孩子沟通：

妈妈："回到家先写作业，可以吗？"

孩子（不说话）。

妈妈："我可以理解为，你不愿意先写作业？"

孩子："嗯。"

妈妈："当然可以，我尊重你的选择。不过，你愿意告诉我原因吗？"

（这是一种"接纳"，当孩子发现自己的情绪被接纳，他心理的抵触感受会消去很多，大多数时候会愿意讲出原因。）

孩子："我想先歇会儿，今天有点累。"

妈妈："嗯，看得出来，你有点没精神。今天做什么了？让你这么累？"

孩子："今天打比赛了，我们班输了，责任在我，传错了一个球。"

……

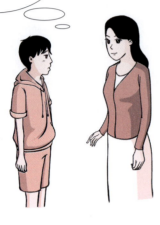

孩子的每一种情绪和行为背后都有他们的想法,所以家长要做的不是去强势地改变孩子的情绪和行为,让孩子听自己的。而是要和孩子有商有量,弄清楚孩子的想法,一旦理解了孩子的想法,"不先做作业"这类的事件就可以被理解了,并且这样的规矩完全可以灵活一些、富有弹性一些,不是吗?

● 请"就事论事",不要否认孩子

什么是否认孩子?就事论事批评孩子不是否认,笼而统之地给孩子贴负面标签就是否认。比如案例中的母亲说女儿"没有教养""这样下去是没有前途,没有希望的",这样的话就是否认。那么怎样就事论事地批评孩子呢?家长可以这样说:"'你们要问什么,快问吧!说完我就走!'这句话让我觉得你有点不礼貌,我理解得对吗?如果我理解得有错误,你也可以告诉我。"这样和孩子沟通效果一定是不一样的。

心理小课堂

接纳孩子是指对孩子的一切采取一种积极的接受的态度,简而言之就是能欣然接受孩子的一切,就像大地承载着万事万物一样。接纳孩子是保持孩子心理健康的重要一环。

5. "矛盾"父母的无效沟通

笔者在门诊经常会遇到一些让人倍感"矛盾"的父母。比如，酗酒的父母看到青春期孩子喝酒就大发雷霆；曾经自己是"学渣"却对孩子的期望值特别高；父母一再出尔反尔却不能忍受孩子对自己撒谎……这些"矛盾"的父母很多时候会说自己怎么苦口婆心和孩子沟通都无效，自己多么爱孩子，多么重视孩子，却没有好的结果。

李进被父亲"拽进"了诊室，他昂着头反抗道："我自己会走！"笔者连忙制止这个父亲："孩子说了，会自己走进来，请你松手！"父亲对我们躬身一笑，连忙说："好的好的！"然后回头狠狠瞪了儿子一眼，走到诊室的椅子上坐了下来。

儿子也是说话算话，三两步就坐到了离父亲最远的那张椅子上。

"你们谁说说情况？"

"我来说吧！"父亲立即回答。

李进今年初三，从小就爱打架滋事，没少让这个父亲操心，到了初三更是在学校拉帮结派，成立了自己的"铁血盟"，学校领导和班主任没少找父亲，可是父亲打也打了，骂也骂了，仍然"沟通无效"，孩子在学校依然是个"惹事儿精"。学校领导怀疑孩子是"品行障碍"，建议父亲带着儿子去医院心理科检查。

听完父亲的大致描述，我们问孩子："父亲说得全面吗？有没有补充？需不需要我们请父亲出去，你单独和我们谈谈？"

孩子点头。

父亲出去后，我们让孩子说说自己的情况，孩子沉默了，10分钟后，倔强的眼睛里居然有了泪水。我们略微诧异，随后递上纸巾，说："看样子，你受了很大的委屈？"

孩子打开了话匣，对我们说起了他的故事。

李进6岁时候父母就离异了,离异原因是父亲对母亲家庭暴力,他亲眼看见母亲被父亲打得鼻青脸肿,他抱着母亲,声嘶力竭地让父亲别打了,可是父亲充耳不闻,甚至对他也拳脚相向。

父亲虽然在家有暴力行为,在外却是一个"孬种",跟谁都好言好语,就算受了委屈、吃了亏也不敢反抗,而他在外面受了气,遭殃的就是母亲和他。当初母亲和父亲离婚时,他是支持的,因为母亲终于可以逃出"魔掌"了。

小学阶段他不敢反抗,因为打不过父亲,到了初中,他就开始"以暴制暴",果然父亲不敢再拿他怎么样,他在学校也尝到了"拳头"带给他的"甜头",在学校成立了帮派之后没有人再敢欺负他,甚至有的老师都不敢多说他几句。

李进走出诊室的时候,笔者叹了一口气,心疼这个孩子的同时,更对这种亲子关系感到深深的无奈。

这样"暴力"的一个父亲,试图让孩子放弃"暴力",怎么可能呢?!孩子含着热泪愿意对大夫敞开心扉,只能说明他实在是"无人倾诉"了,他同时知道,如果不把原委都说出来,那么一个"品行障碍"的帽子给他扣下来，也许他的前途就真的毁了。

所谓沟通，是以平等的姿态去探讨某个事情。当家长用"大人特权"，自己家庭暴力、抽烟喝酒、满嘴谎言的时候，孩子怎么可能会感觉"平等"，听进家长的劝导，愿意和家长沟通呢？

● 矛盾情况下，沟通是无效的

你在吃薯条，却要求孩子不吃，这种时候怎么沟通都是无效的。孩子小的时候如果照做，只是服从权威，可是青春期的孩子已经有了反抗的能力，如果强硬要求他服从，那么不光他不会听话，更是会引起亲子关系难以弥补的裂痕。所以，在沟通之前，家长需要审视自身是否已经做到了那些要求孩子做到的事情。

● 向孩子承认自己的无能与错误

如果你是"矛盾父母"中的一员，想要有良好的亲子沟通，首先第一步就是要向孩子承认自己的无能与错误。也许这对于很多家长来说有困难，但是家长的"认错"同样是一种榜样的力量，它可以让孩子学会在将来的生活中为自己的错误承担责任，可以说，只要家长自己迈过了"面子"的那道坎，那么这绝对是非常有利于亲子沟通的。

心理小课堂

品行障碍指18岁以下的儿童或青少年出现的持久性反社会型行为、攻击性行为和对立违抗行为。这些异常行为严重违反了相应年龄的社会规范，与正常儿童的调皮和青少年的逆反行为相比更为严重。

6. 用"改变"的心态和孩子沟通

拒绝改变可以说是人性的基本特征之一。人们经常会说"就这样吧，我不想再折腾了""这是我的决定，如果你没有充足的理由就不要反对我"，也有家长会经常对孩子说"不许顶嘴，在家里我们说了算"。诸如此类的话的背后，其实都隐藏着一种拒绝改变的心态。

人们在拒绝改变的同时，会发现其实我们一直在改变。和原始社会相比，人类已经改变了很多，我们会使用火，有良好的饮食和清洁习惯，有更多的时间与人沟通而不是打猎……人类之所以会不断发展，就是因为不断地在改变。所以拒绝改变是人性，而改变又是一种必然。

解释了"改变"对于人类的意义之后，现在尝试着把它放到家庭教育中来看看。

在孩子们面前，很多家长自己的人生观、价值观、世界观不容许被改变，觉得这是孩子对家长的质疑和挑战。为了规避这种质疑和挑战，家长们就会选择各种"捷径"，比如呵斥孩子不许顶嘴，不同意孩子提出的建议，对孩子的"新发型"嗤之以鼻等。但是，这是违背人类社会发展规律的。有时候孩子之所以不愿意和家长沟通是因为他们知道沟通了没有用，亲子关系就会逐渐疏远。因此，家长要用"改变"的心态和孩子沟通，也许孩子提出的建议更好呢？如果有更好的建议又为什么不能接受呢？

● 让自己成为一个"可以被改变"的家长

小罗今年高一，和父亲冷战一个星期了，母亲带着孩子一起来参加家庭治疗。

"形容一下你的父亲好吗？"我们对小罗说。

"他是个军人，把家里也当成他的部队，我们就是他的'兵'，他说什

么就是什么。那天他叫我做什么事儿,我答应得晚了一点他就开始训斥我,说我应该迅速反应,磨磨蹭蹭不像个男子汉。我就和他顶了两句,说跟他一样,去部队当兵,一年也见不了几次,家里什么忙都帮不上就是男子汉了?对孩子大呼小叫就是男子汉了?把他惹火了,他就不和我说话了。哼,谁怕谁啊,他不说我也不说,爱咋咋地。"

小罗的母亲在一旁叹息地摇了摇头。

"有没有想过让爸爸一起来参加家庭治疗?毕竟当事人是你和他,他一起来效果会更好。"

"做梦,不可能。"

这似乎是一个"不容易改变"的父亲,亲子关系在这种"不改变"中越闹越僵。父亲不容许被改变什么呢?也许是他"父母呼、应勿缓"的价值观?也许是他对"男子汉"的定义?都有可能,我们不知道父亲的想法,也不妄自揣测。但是一个不愿意进行心理治疗的父亲,往往是一个不愿意改变的父亲,这样的家长像一块"硬邦邦的铁板",孩子在这样的亲子关系中怎么能体会到温暖和爱呢?

● "不改变"的家长存在自欺欺人的倾向

一些不愿意改变的家长,很有可能是躲在"自欺欺人"的外壳下。他们不认为自己有问题,经常挂在嘴边的话是:"我有什么问题?我没有问题,问题在我的孩子身上,你们不用在我身上浪费时间。"但其实,哪有"没问题"的家长?家长在教育孩子的过程中,难免多多少少存在一些错误。及时发现和修正才是根本,不做自我反省,不接受审视,是一种自欺欺人的状态。

做一个"有温度"的家长,做一个"有错误"的家长,做一个"有可能改变"的家长。这样的"三有"家长更有机会走进孩子的内心,成为孩子心灵健康的守护者。

心理小课堂

家庭治疗又称家庭疗法,是以家庭为对象而施行的心理治疗方法。它主要以协调家庭各成员间的人际关系,通过交流、扮演角色、建立联盟、达到认同等方式,运用家庭各成员之间的个性、行为模式相互影响互为连锁的效应,来改进家庭心理功能,促进家庭成员的心理健康。

7. 感受孩子的感受，并表达出来

心理学家罗洛·梅认为："成熟的人十分敏锐，就像听交响乐的不同乐章，不论是热情奔放，还是柔和舒缓，他都能体察到细微的起伏。"作为家长，你能够及时体察到孩子情绪上的"不同乐章"吗？孩子什么时候开心？什么时候沮丧？什么时候害羞？什么时候无奈？……感受孩子的感受，并且把它表达出来，可以促进亲子关系，使沟通更为顺畅。

● 家长很容易忽略孩子的感受

看到这里，也许有的家长觉得很简单，感受孩子的感受，多么轻而易举！他笑了就是开心，哭了就是伤心，发脾气就是愤怒……是的，这些是显而易见的，但是处在青春期的孩子往往不会直接表现出哭、笑、发脾气，他们很可能只是发一句牢骚，或者不着痕迹地说两句，家长可能就忽略了。比如，孩子班干部没选上，他可能会说"这次选举太不公平了"，你会怎么回答？会不会说"世界上本来就有很多不公平，不要太在意"？也许我们会脱口而出类似的话，这种回答忽略了孩子的感受，孩子在面对选举的不公平，他会感受到生气、失望、苦恼、不满等，意识到孩子的感受，并且表达出来，是最好的回答，比如"哦？是吗？你对此觉得很气愤？"孩子会觉得他的感受被理解了，然后也许"话匣子"就打开了，父母就开始迈进孩子的内心世界。

● 别把孩子的"想法"和"感受"混为一谈

在表达孩子的感受时，家长很容易把孩子的感受和想法混为一谈。试一试区分下面的话，哪些是表达孩子的感受，哪些是表达孩子的想法？

你觉得自己很无能。
你看到久违的朋友很开心。
你觉得老师不负责任。
你觉得这个老板很奸诈。
你觉得我和妈妈不爱你。

以下是正确的理解：

你觉得自己很无能。（这是在表达想法，"无能"是对自己的评价，类似这样的句子是表达了感受：你觉得很沮丧。）

你看到久违的朋友很开心。（这是在表达感受。）

你觉得老师不负责任。（这是在表达想法，"不负责任"是对他人的判断。类似这样的句子才是表达了感受：你觉得很气愤。）

你觉得这个老板很奸诈。（这是在表达想法，"奸诈"是一种道德评价。类似这样的句子才是表达了感受：你觉得火冒三丈。）

你觉得我和妈妈不爱你。（这是在表达想法，"不爱"是一种判断。类似这样的句子才是表达了感受：你觉得很伤心。）

感受和想法很容易混淆，说出孩子的感受会让孩子觉得被理解，说出孩子的想法效果则没有那么好。下面一些表示感受的词语可以给家长作为参考：

兴奋、喜悦、兴高采烈、幸福、高兴、欣慰、平静、自在、舒适
害怕、担心、焦虑、犹豫、孤独、郁闷、悲观、沉重、精疲力尽
……

还有很多很多词语都可以表示感受，家长可以自己建立一个"感受词汇表"，多补充，多练习，逐渐就能区分出感受和想法了。

● 表达感受之后，再用询问的方式说出家长的想法

在说完孩子的感受之后，家长可以紧接着说出自己的想法。比如：

你觉得很沮丧,是认为自己很无能吗?
你这么气愤,是觉得老师不负责任吗?
你火冒三丈,是因为这个老板很奸诈吗?
你很伤心,是觉得我和妈妈不爱你吗?

先表达孩子的感受,再用询问的方式说出家长的想法。这样的沟通方式会让孩子感觉到被尊重、被理解。家长的很多话也不会被孩子曲解,能够有效避免亲子冲突,令沟通更融洽。

心理小课堂

区分感受和想法是一种智慧。如果把这种智慧运用到亲子关系中,将会大大减少家长与孩子之间的误解和冲突。如果把这种智慧运用到自己生活、工作的方方面面,相信你很快就会发现身边的人和事有了不小的改变。

8. 不要把自己的不愉快归咎于孩子

生活中会有很多的不愉快,人们通常采取的办法是归咎于他人,这一点很多家长并没有意识到。举个例子,你有没有对孩子说过"你昨晚打游戏打了2个小时,没有遵守约定,我很失望""你上课不认真听讲,我很生气"……类似的话肯定有吧,这类话的言下之意就是"我的不快乐是你造成的"。孩子听到这类话之后往往会内疚,因此会调整自己的行为方式来迎合家长。家长一开始会觉得自己的话"奏效"了,可是遗憾的是,孩子们很快就会"重蹈覆辙"。因为内疚感会随着时间消失,并且反抗情绪会由此滋生。

涂涂今年初一,想要休学,和自己的爷爷奶奶一起来到诊室。

"爸爸妈妈为什么不陪你来?"我们询问道。

"我不和他们一起住。"涂涂抱怨道。

"哦?怎么回事?今天来找我们又是什么目的呢?"我们继续发问。

"爷爷奶奶有事儿要回老家,我必须得和爸爸妈妈一起住,可是我非常不愿意,但是我那个中学不能住校,又不能自己住,实在是没办法,我就想休学,等爷爷奶奶把老家的事儿办完了再说。"涂涂说,"可是爸爸妈妈不同意,坚决不同意。我就想让大夫帮我开一个证明,让我顺利休学。"

"你为什么那么不愿意和爸爸妈妈一起住?甚至想到了休学这个办法?"我们很奇怪。

"我和他们说两句话就得吵,他们觉得我是他们人生中最大的败笔。"涂涂说着,眼眶里已经有了泪水,"他们都很聪明,很厉害,是个'人物',我从小成绩就一般,性格也不好,我让他们很失望。"

"你怎么知道他们对你失望?"

"他们会直接说呀,说什么'成绩不好,他们很难堪''和同学打架让他们很难处理'之类的,总之都是我的错,我的出现让他们完美的生活有了瑕疵,我就是粥里的'老鼠屎'。

一开始我还想着改改自己的脾气,努力学习,他们确实高兴了几天,可是后来我也想通了,我这么干我多累呀,我就是'老鼠屎',怎么了,在他们眼里我是'老鼠屎',在别人眼里不见得,至少我爷爷奶奶很疼我,大不了不和他们过。"涂涂有点破罐儿破摔的意思。

上面案例中的涂涂想休学,是因为与父母之间的沟通出现了问题。他找不到处理方法,只能用极端的"休学"避免和父母同住来解决。涂涂父母对孩子说的话,确实是沟通中的大忌——把自己的不愉快归咎于孩子。这种方式很容易造成亲子关系的裂痕,那真正有效的沟通是什么呢?

● 用"我感到……因为我……"的句式来表达不愉快

人类的语言博大精深,人类的感知也极为复杂,所以一点点不同的表达,可能带来完全不同的感受。请你体会下面两个句子:

你总是剩饭不吃完,我很生气。

你总是剩饭不吃完,我感到很生气,因为我希望你能够身体健康。

前后对比,后一句用了"我感到……因为我……"的句式,加上了来自"你"的"原因"。这个原因能够让孩子意识到,家长的负面情绪不是因为孩子,而是和家长自身的情况有关系。孩子如果做出改变,不是因为内疚,不是为了迎合家长,而是因为想让自己"身体健康"。

● 让孩子自己提出解决办法

紧接着上面的举例,当家长说了"你总是剩饭不吃完,我感到很生气,因为我希望你能够身体健康"之后,可以让孩子自己提出解决办法,比如"你觉得,你可以做些什么呢?"孩子可能会提出很多想法,比如不挑食,多锻炼,少玩手机……这些"主动"提出的解决办法,比家长硬性地"命令"孩子要有效得多。

心理小课堂

内疚是指个体确实伤害或意图伤害他人或违反准则后产生的情绪体验。它作为具有一定适应性的重要道德和社会情绪,是心理学近年来的一个重要研究主题。心理学家和病理学家一直将内疚作为负性情绪来研究,尤其侧重于认为内疚是一种有害的负性情绪,因为研究发现内疚与神经症、焦虑、抑郁、强迫症、饮食障碍、反社会人格障碍等关系密切。

9.如何对孩子提出要求

听过一个笑话是这样的：妻子对丈夫抱怨，说丈夫花在工作上的时间太多了，于是3个星期后，丈夫高兴地告诉妻子，他报名参加了健身训练营。妻子的本意是希望丈夫多陪伴自己，可是她的沟通方式却让丈夫产生了误解，妻子也只能"哑巴吃黄连"了。我们对他人，对孩子提出要求时经常容易犯"妻子"的错误，要求不明确，不具体，让对方产生误解，让对方根本不知道自己该干什么，导致了事情达不到预想的效果。那么，该怎么对孩子提出要求呢？

● 避免抽象的语言，要求要具体

对孩子提要求的时候要避免抽象的语言，比如"你能不能有责任感一点""来帮我做饭"等，都是抽象、概括性的。这与"能不能把脏衣服扔进洗衣机""来帮我剥头蒜"相比，孩子更愿意听到后者。

然然初二，和父亲长期在我们这里做家庭治疗，这天他们说起了他们的一次争吵。

事情的缘由是然然和同学在电话里讨论暑期去哪里旅游，同学在电话里说什么然然都同意，丝毫没有什么自己的想法，爸爸听着都替她着急，于是说："你能不能成为你自己，不要那么在意他人的想法，什么都顺着别人！"

然然一下就不乐意了，满心的委屈，哭着说："我顺着你的时候你怎么不发火，这会儿倒是来劲了！"

"我没有让你什么都顺着我呀！你有不满意你就说呀！"父亲火气更大了，"按你的说法，你这样还是我造成的了！"

"简直不可理喻！"然然哭着回了房。

在笔者看来，父亲的错误在于没有对孩子使用具体的语言。"成为你自己"的要求太抽象化，让孩子"一头雾水"，假如父亲能够对然然说"你不愿意去哪个地方，可以说不去""不论别人说什么，你都能摇头拒绝"，然然就知道该怎么做了，父女间的冲突就能避免。**家长在对孩子提出要求的时候，要避免抽象的语言，尽量具体化，越具体越好。**

另外，当家长把自己的要求从抽象转为具体的时候，也是自我认识的深化，我们可以弄明白自己究竟想要孩子做什么。这很重要，很多时候，即便是成年人，有时也不知道自己到底想要表达什么。

笔者在诊室里曾经接待过一位妈妈，对话如下。

笔者："我能够帮助你什么呢？"

她："我想要成为一个好母亲。"

笔者："嗯，具体我们可以为你做点什么呢？"

她："这不是需要你来告诉我怎么做吗？怎么反倒让我来说了？"

笔者："你对我提出了一个很抽象的要求——做一个好母亲，我们希望你能够具体化一些，是沟通上的某些细节需要我们一起讨论？还是其他？"

她："好像都有。"

笔者："嗯，我想，你需要先想一想，具体自己期望哪里得到改变，每个人的问题都有个体差异，所以你需要弄清楚自己想得到什么帮助，起码有个主次、轻重。"

她："好的，我需要花时间想一想，我确实没有想过这么深入。"

抽象的语言对深化自我认识没有帮助，具体的语言却具有良性作用。所以，当对孩子提出要求的时候，使用具体的、不抽象的语言对孩子来说更易于接受，对自己来说更利于认识自己。

● 必要时需要得到孩子的反馈

即便家长提出了具体的要求，有时候仍然不能确保孩子理解，所以这种时候家长就需要询问孩子，得到孩子的反馈。

> 如果你饿的话可以去吃一点东西，我煮了面；如果你不饿，就休息。

兵兵今天放学有点晚，作业到晚上10点才做好，妈妈等他做好作业后对他说："一会儿去吃点东西吧，我给你煮了面。"

兵兵叹了口气，嘀咕了一句："哦，知道了。"

妈妈看到兵兵的反应，试探着说："我刚刚对你说的话，你再说一遍好吗？"

兵兵回答说："你让我不要马上睡觉，去吃东西，尽管我不饿。"

妈妈发现兵兵完全曲解了她的意思，立刻补充道："谢谢你的反馈，我想我说得不够清楚。我的意思是，如果你饿的话，你可以去吃一点东西，我煮了面；如果你不饿，就休息。"

得到孩子的反馈很重要，家长能够看清楚孩子是否真的理解了父母的意思。当然，刚开始这么做的时候，可能家长会有点不习惯，孩子也会不太自然，甚至有时候会顶嘴"我已经明白了，我没那么蠢好不好"，但是我们可以解释我们的目的——为了了解自己是否已经把意思说清楚了。习惯于在必要时候请求反馈，对自己和孩子之间的沟通有极大的益处。

心理小课堂

自我认识是自我意识的认知成分。它是自我意识的首要成分，也是自我调节控制的心理基础，是对自己及自己与周围环境关系的认识，包括对自己存在的认识，对个体身体、心理、社会特征等方面的认识。这种认识是个体通过观察、分析外部活动及情景、社会比较等途径获得的，是一个多维度、多层次的心理系统。

10.命令和要求的区别

要求和命令容易被混淆在一起,所以本节重点介绍两者的关系。什么是要求?什么是命令?两者之间最大的区别就是:当家长提出的是要求,如果孩子拒绝,他们不会受到惩罚;当家长提出的是命令,孩子如果拒绝,就会受到相应的惩罚。简而言之,受不受惩罚是关键。

请看下面的举例,试着分析一下,母亲提出的是要求还是命令。

母亲:"孩子,你能给我倒杯水吗?"
孩子:"等会儿,我打完这局游戏!"
母亲:"你这个孩子,我忙里忙外,一刻都不得闲,可你连给我倒杯水都推三阻四,太不懂事了!我还没有游戏重要吗?"

如果单看母亲提出的要求"孩子,你能给我倒杯水吗"——具体,不抽象,这个要求提的没有问题,可是当孩子拒绝后,母亲的反应是气愤,然后指责孩子,试图激起孩子的内疚感——"不懂事,母亲还没有游戏重要"。这样的反应表明,母亲的要求其实是"命令"。因为孩子拒绝要求之后遭受到了母亲的惩罚——尽管这个惩罚不是打骂,只是隐藏在内疚感之下。而当孩子意识到家长在命令自己的时候,他可能因为内疚感而服从,但是会认为家长是在强迫自己,丝毫没有考虑自己的处境,不理解自己、不尊重自己,亲子冲突容易爆发。

那么,如何才能避免在生活中把要求当作命令脱口而出呢?

● 时刻记得给孩子拒绝的权利

当家长在对孩子提出要求之前,就要时刻记得给孩子拒绝自己的权利。先问问自己,如果孩子拒绝,自己该有什么反应。比如上面的例子,当对孩子提出"给我倒一杯水"的要求的时候,就要想到,如果孩子拒绝,该怎么回应。

这其实不难,如果熟练掌握了本书前面介绍的技巧的话,家长就会知道,最好的方式是描述客观事实,然后表达自己的感受,再提出自己的需要和要求。比如"嗯,你说要等游戏结束后再给我倒水,我有点难过,因为我很渴,希望能够立刻喝到水。如果你能现在去给我倒,我会很感谢;当然,也许现在正是游戏的紧要关头,你晚一些给我倒也是可以的。"当孩子听到这番话,我想,起码不会有剑拔弩张的亲子冲突,反而孩子会引起反思——我需要理解妈妈的需要和感受。

● 必要时提醒孩子他们有拒绝的权利

团体咨询中一个事例一直给笔者留有深刻的印象。

那是我给十几个住院的孩子第一次做团体治疗。我刚进治疗室的时候,孩子们还没有入座。他们有的聚在一起玩,有的戴着耳机闭目养神,有的在窗口探头探脑聊着天。我走进治疗室之后,开口说:"请大家坐好,我们要开始今天的治疗了。"

十几个孩子中,大概有五六个坐到了事先就摆好的座位上,还有一半的孩子并没有动。为了确保大家听清了我的要求,我又重复了一遍:"请大家坐好,我们要开始今天的治疗了。"这时候,除了戴耳机那个孩子,其他孩子都坐到了座位上。

我走到戴耳机男孩的身边,问他:"你听得见我说话吗?"我想他是因为戴着耳机没有听到我的要求才不这么做的。

"听得很清楚,但是我不想坐下来。"他仍然戴着耳机,用力地、一字一顿地回应我。

我立刻体会到了敌意,吸了一口气,想了一想,问其他孩子说:"谁能重复一下我刚刚说的话?"

孩子们以为我要和耳机男孩"开战"了,用看好戏的语调说:"你命令我们坐下来,哈哈!"

我明白了,我的想法是对的,孩子们把我的要求看作了一种命令。我对耳机男孩说:"孩子,我不知道你的名字,这是我们第一次见面。我需要澄清的是,我并没有命令你的意思,只是对你提出要求,你是有权利拒绝的。那么,现在你可以告诉我,我该怎么说才能让你感受到我不是在对你发号施令吗?"

耳机男孩想了想,耸了耸肩,说:"我也不知道。"

我走到孩子们中间,说:"我们初次见面,我希望让你们理解,我提出的要求只是我对你们的愿望,而不是命令,你们不是必须要按照我说的去做,好吗?如果你们不坐下来,我也不会惩罚你们,我们仍然会愉快地开始我们的治疗。"

听完我的话,耳机男孩选了最角落的位置悄悄坐下了。

这个情景之所以令笔者印象深刻,是因为我发现:如果一个孩子长期接受家长的命令,那么当他人提出的是要求不是命令的时候,他也会下意识地认为自己是在接受命令,自然会不乐意于满足对方。所以,如果家长以前是长期用"命令"的口吻对孩子提出要求的,在改变之初需要提醒孩子,他们有拒绝的权利。这对亲子关系的修复和缓和很有好处。

心理小课堂

团体心理治疗一般是由1至2名治疗师主持,治疗对象可由8至15名具有相同或不同问题的成员组成。治疗以聚会的方式出现,可每周1次,每次时间1.5至2个小时,治疗次数可视成员的具体问题和具体情况而定。在治疗期间,团体成员就大家所共同关心的问题进行讨论,观察和分析有关自己和他人的心理与行为反应、情感体验和人际关系,从而使自己的行为得以改善。

11. 全身心地倾听孩子

倾听是心理咨询师在心理治疗中首先要用的沟通技巧。有时候甚至还没有开始真正的治疗，很多来访者都会有明显的改善。这主要是因为来访者从未体验过被人倾听的感受。在家庭教育中，如果父母能够耐心地倾听孩子的内心想法，做孩子忠实的听众，就等于告诉孩子"你讲到的事情很有价值""和你在一起真快乐""我们可以做朋友""我们能理解你"等。对孩子来说，随时有人倾听自己、关注自己，这是一种最大的心理上的支持。

当然，做孩子的听众也是有技巧的，家长要注意全身心地倾听孩子。所谓全身心地倾听就是指放下已有的想法和判断，全神贯注地体会孩子的情绪，与此同时不要急于告诉孩子接下来该怎么做。比如，当你16岁的女儿站在镜子前，看着自己的穿着打扮说"我真难看！"时，也许有的家长会回应："不难看啊，挺好的！不然你觉得不好看的话换别的衣服试试。"这是典型的不体察孩子的情绪，然后给出安慰和建议，孩子听到这样的回应会不太舒服。

● 全身心地倾听孩子

什么是全身心地倾听孩子？哲学家马丁·布伯对此做出了描述："尽管有种种相似之处，但生活的每时每刻就像一个刚出生的婴儿，我们从未见过，也不可能再次见到。我们无法停留在过去，我们也无法预见我们的反应。我们需要不带成见地感受变化，我们需要全身心去倾听。"言下之意，就是对孩子的感受不要先入为主地下判断，要试着体会孩子的感受和需要。这就是全神贯注倾听。

笔者在心理门诊里需要做诊断的时候经常是做不到这一点的。因为工作需要，我们需要在短时间内收集很多来访者的信息来分析和解决问题。所以很多来访者会觉得医院的大夫"没用""不了解我"等，其实这都是缺乏倾听引起的。当我们在问"你不开心是什么时候开始的""有没有觉得脑子变慢"等问题时，来访者会如实回答，但是心里也会认为我们只是在考虑他的情况符合哪种诊断，并不会认为我们想和他成为朋友。所以，后期的心理治疗是必要的，我们能够弥补这一点，会耐心倾听来访者，一心一意体会来访者的情绪，因此很多来访者会甚至还没有开始真正的治疗之前就觉得"好了很多"。

同样的道理放在家庭中来，家长也要学会倾听孩子。**倾听的方式其实没有那么深不可测，只要记得去体会孩子的感受和需要就好了。**比如，开头那个觉得自己难看的女孩，我们可以这样回应："你看上去对自己的形象有点不满意？你想让自己在别人眼里是漂漂亮亮的？"孩子会觉得你说出了她的想法，然后她就会觉得被理解——这是孩子真正需要的东西。

这里还要补充的是，体会孩子的感受和需要时，家长要注意自己的语气，因为一个人在听别人谈论自己的感受和需要时，会尤其注意其中是否含有批评或者嘲讽。如果家长的语气很肯定，仿佛是在试图窥探他们的内心世界，那么通常不会有什么好的反应，孩子们会生出反感。因此，最好使用询问的语气，当孩子意识到了自己得到了理解和接纳，一般来说，他们的情绪问题会缓解很多。

● 不要对孩子"指手画脚"

在体会孩子的感受和需要之后，家长要记得，不要急着告诉孩子怎么做，这会妨碍我们体察孩子的处境。还是以开头的事情举例，家长像下面这样回应就是在"指手画脚"告诉孩子怎么做。

16岁的女儿站在镜子前，看着自己的穿着打扮说："我真难看！"
家长回应：
"你觉得不好看的话换别的衣服试试。"（建议）
"你有什么难看的，我像你这么大的时候就没有这么好的衣服。"（比较）

"如果你这样在意外表,是不妥当的。"(说教)

"这有什么关系,在我心里你是最美的。"(安慰)

"生什么气,不要这样小题大做。"(否定)

"你什么时候开始在意自己的穿着打扮的?"(询问)

建议、比较、说教、安慰、否定、询问都不是最恰当的反应,孩子会认为他们不被理解和接纳。一般来说,当一个人说话带有明显的情绪,他一般是在期待得到他人的反馈,如"你看起来很伤心""你的意思是你因为爸爸打了你觉得很委屈"等,而不是希望他人指手画脚告诉他怎么做。

心理小课堂

卡耐基说:"倾听是使信任充分发挥其作用的润滑剂。始终挑剔的人,甚至最激烈的批评者,常会在一个有忍耐和同情心的倾听者面前软化降服。"如果孩子能被体察感受和需要,孩子的自尊就能得到极大的满足,慢慢地,父母与孩子间的心灵就会逐渐靠拢,为建立良好的沟通打下基础。

第三章

正视成绩波动，寻找影响孩子学习成绩的因素

1. 理解孩子学习上的"苦"和"累"

在笔者心理门诊上,有很多因为学习问题来咨询的家长和孩子,其中有一类孩子很典型,就是觉得学习苦和累,不想再"吃苦",所以"生病"了。陪伴来的家长大多已经"束手无策",他们曾好言相劝,曾恩威并施,有的甚至用过极端的手段,但是孩子仍然不想学习。要想改变孩子觉得学习"苦"和"累"的心态,让孩子重拾学习的动力,家长需要注意下面几个方面。

● 理解孩子的感受

孩子到了青春期,早已不是"胡搅蛮缠""不讲道理"的年纪了,理解是他们最需要从家长那里得到的东西。

小涵和父母一起来诊室的时候,他对父母说:"您以后别再说什么'你们工作累死了,我上学多轻松'了,你们根本不知道,我每天上学有多累!每天早晨我都是最早起来的,因为要在6点多赶到学校上早自习,那时候您和爸爸还在被窝里呢!晚上放学以后,你们能够在房里看电视,我只能写作业。以前还好,现在初三了,作业多得不得了,不到11点根本不可能写完。你们那个时代跟现在不一样,上学可能真的很轻松,可是现在我们学校三天一小考,五天一大考,每次考完后老师还要排名次,出现成绩下滑明显的话,家长还要被叫去谈话……我现在每天都为了学习根本没有玩乐的时间,真是又苦又累,压力很大……和你们谈及这个话题的时候,你们总是不听我的想法,执意认为我是受不了苦吐苦水,希望以后能给我一点点谅解。"

孩子的生活经验有限,也许在家长看起来"不算苦"的事情,在孩子内心已经"苦"到了极致。家长不能用自己的标准来衡量孩子的感受。可以不

同意孩子的观点，但是要理解和接纳孩子的感受，给孩子适当的反馈，帮助孩子纾解内心的压力。

● 孩子感到"苦"和"累"的原因

孩子感到学习苦和累是一种心理适应障碍，非常影响孩子的学习和成长，它主要有以下几个方面的原因。

第一，随着孩子的逐渐长大，学习科目逐渐增多，压力也逐渐变大，再加上从小学到中学，或者从初中到高中，还有一个学习环境和学习心理的适应过程。例如，对学习时间长、内容多、作业多等的适应。因此，有的孩子感到学习紧张，又苦又累。

第二，长期以来，由于传统的应试教育的影响，学校、家庭和社会都追求升学率。孩子要承担多方面的压力，学习负担和心理压力加重，因此也会感觉学习苦和累。

第三，进入更高一级的学府以后，有的孩子学习方法不当，不会安排时间，缺乏学习指导而引起苦和累的感觉。例如，有的孩子在学习过程中，缺乏积极主动的学习态度，虽然他们也下功夫复习、背诵等，但由于在课前不会自学，课堂上不爱发言，遇到一些难题又不好意思问，所以在学习过程中必然会紧张、乏味，并且感觉到又苦又累。

● 帮助孩子调整学习心态

家长要帮助孩子调整好学习心态，不要把学习当作负担。如果把学习看得太"死板""僵化"，就会成为孩子心中的负担，要让孩子明白，完成学习任务，一方面是为自己将来更好的生存打基础，不辜负父母的殷切期望；另一方面，要用辩证的思维方法来看待学习，即生活中的苦与乐、轻松与劳累都是相对而言的。如果能有一个换位思考，把完成作业和亲手解开一些难题作为学习的乐趣，把正确地回答老师的提问，争取优异的学习成绩当作荣耀，那么孩子的"苦"和"累"的观念也就有可能发生改变。

心理小课堂

适应障碍是指在明显的生活改变或环境变化时所产生的短期和轻度的烦恼状态和情绪失调，常有一定程度的行为变化等，但并不出现精神方面的症状。典型的生活事件有：居丧、离婚、失业或变换岗位、迁居、转学、患重病、经济危机、退休等。发病往往与生活事件的严重程度、个体的心理素质、心理应对方式、来自家庭和社会的支持等因素有关。

2.心理状态对孩子的成绩影响很大

孩子学习成绩差,就更容易面临家长的埋怨、老师的指责和同学的歧视。这些负面评价,会让孩子产生明显的自卑感、失落感,觉得自己的前途一片黑暗。而如果孩子长期生活在"黑暗"中,别说学习成绩不容易上去,孩子的心理状态也堪忧。

飞飞学习成绩不是很好,在班级里排名最后第五、第六,他性格谨慎,听话,平时少言寡语,爸爸妈妈根本没想到,有一天会看见他的"遗书"!

那天飞飞上学之后,妈妈收拾他的书桌,在垃圾桶里发现撕碎的信纸。妈妈好奇心起,捡起来拼凑好一看,竟是一封遗书!上面飞飞写道,自己成绩不好,老师不待见,同学们也不太理他。每天他在班级里都如坐针毡,回到家里爸爸妈妈不说什么,但是他知道他让爸爸妈妈失望了,想着以后还要学好多好多年,他就没有信心和勇气,请爸爸妈妈原谅他,永别了。

妈妈看到后吓一跳，不敢轻易去问飞飞，和爸爸商量过后，决定来医院，请求专业人士的帮助。

心理状态和学习成绩是直接相关的。心理状态不佳会导致学习成绩的下滑，而学习成绩的下滑又会导致心理状态的恶化，这是一个恶性循环。如果孩子成绩不好，又有抑郁、焦虑的典型症状，家长一定要引起足够的重视。

● 每个孩子智商都差不多，心理状态对孩子的成绩影响很大

对心理学有所关注的家长一定知道著名的"罗森塔尔效应"：

1968年，美国著名心理学家罗森塔尔做了一个发人深省的实验。他和助手们来到一所小学，说要进行7项实验。他们从一至六年级各选了3个班，对这18个班的学生进行了"未来发展趋势测验"。之后，罗森塔尔以赞许的口吻将一份"最有发展前途者"的名单交给了校长和相关老师，并叮嘱他们务必要保密，以免影响实验的正确性。其实，罗森塔尔撒了一个"权威性谎言"，因为名单上的学生是随便挑选出来的。8个月后，罗森塔尔和助手们对那18个班级的学生进行复试，结果奇迹出现了：凡是上了名单的学生，个个成绩有了较大的进步，且性格活泼开朗，自信心强，求知欲旺盛，更乐于和别人打交道。

心理学界把这种现象就称为"罗森塔尔效应"，它证明了心理暗示对一个孩子的成绩有着非常重要的影响。要知道，除了1%～2%超常儿童和2%～3%的智力障碍儿童外，95%以上的学生在学习能力方面并无多大差别。为什么会有"差生"的存在呢？外因当然存在，比如家庭氛围、经济条件等，但是内因更为重要！

部分老师、学生对学习成绩不好的同学常以冷眼相待，甚至讥笑他们，这些负面的评价都会给孩子一个不良的暗示，孩子的成绩就更不容易上去。

家长要重视这些不良暗示，和孩子一起面对这些责难，让孩子明白，虽然他的成绩"差"，但是头脑并不"差"，他和成绩好的同学拥有同样聪明的头脑，只要足够努力，他的头上不会永远戴着"差生"的帽子。而个别老师、同学不论是有意还是无意地嘲笑自己，说明他们在做人上有些不妥，是不对的。最重要的是自己怎么看待这个问题。

● 给孩子找适合的咨询师，做孩子坚实的后盾

当孩子成绩不好，影响到孩子的心理健康时，很多家长只给孩子花大价钱找家教，参加各种培训班，却忽视了在心理上给予孩子帮助，从某种程度上讲，这是本末倒置的。没有所谓的好学生，也没有所谓的差学生，一个学生成绩不好可能是他的心理出现了问题。如果孩子拥有了好的心态，有助于提升学习成绩；如果孩子心态一直转变不过来，不仅成绩上升会很吃力，对他自己的健康也是影响很大的。所以，家长在必要的时候给孩子寻找合适的咨询师，给孩子心理上的支持，让孩子的心理力量逐渐丰盈，这才能事半功倍。

心理小课堂

"罗森塔尔效应"亦称"皮格马利翁效应"和"期待效应"，由美国著名心理学家罗森塔尔和雅各布森在小学教学上予以验证提出，指人们基于对某种情境的知觉而形成的期望或预言，会使该情境产生适应这一期望或预言的效应。简单来说，就是你期望什么，你就会得到什么，你得到的正是你期待的。只要充满自信的期待，只要真的相信事情会顺利进行，事情一定会顺利进行，相反来说，如果你相信事情不断地受到阻力，这些阻力就会产生。

3. 兴趣是最好的老师

孩子的学习成绩如何，一直是青春期孩子家长关心的重点。如何提高孩子的学习成绩呢？人们常说："兴趣是最好的老师。"虽然有些老生常谈，但是很多家长经常"灯下黑"，最浅显的道理却没有理解它，把它运用起来。

小静是一个初三学生，和爸爸一起来做心理咨询。爸爸认为孩子"魔怔"了，一心想着做大明星，整日琢磨怎么唱歌跳舞，不好好学习，甚至还想去韩国做练习生！爸爸请我们"救救孩子"。

"爸爸说了说你的情况，他说得对吗？你是怎么想的？"我们转头问小静。

"一半对，一半不对，我是很喜欢唱歌跳舞，可是我没有'魔怔'！比起考高中，我宁愿考一所艺术专科学校。就算韩国去不了，普通的中专我也认了。我对上学真的一点兴趣都没有，我喜欢唱歌、跳舞远远多过那些字母、函数……我真的觉得上学很痛苦，老师讲的内容很难，我即使认真听讲了也很难做对习题，真不知道学习那些将来有什么用！不如去钻研我擅长的音乐、舞蹈，我想，通过几年的训练和学习，没准儿我将来能成一个大明星呢！条条大路通罗马，也许我的大路不是常规的高中、大学，而是演艺事业，不是吗？"

"孩子讲得很有道理呀，她是经过自己的思考，慎重决定的。"我们边点头边疑惑地问父亲，"您为什么反对呢？"

"娱乐圈水多浑呀，我这个圈外人都看不下去，一会儿这个出轨，一会儿那个吸毒，孩子还这么小，进去不就是进了一个大染缸吗！将来出来能好吗？"

"爸爸的担心也不无道理，你怎么想的？"我们顺势问小静。

"我又不是马上就进娱乐圈,就是继续学习唱歌跳舞而已!"小静急了,"你们也太杞人忧天了,娱乐圈是那么好进的吗!我说进就进了?"

"就算你不马上进,你将来身边的同学可能很多都不是什么'正经人',你跟他们在一起,近墨者黑呀!"爸爸丝毫不松口。爸爸是经过调查研究的,小静中意的几所学校,生源确实不怎么好。

"嗯,确实是,身边的朋友影响很大,我们要考虑这一点。这该怎么办呢,小静?"我们问。

小静沉默了。

"要不缓缓再做决定?"我们看到小静态度有变化,试探着说,"学习的作用不是单一的,一方面是学习知识——学习一些你现在认为无用的知识,一方面也是结交朋友,很多我们一辈子的知己都是学生时代的,你说对不对?当然,艺术专科学校也能结交朋友,但是我们就丧失了继续学习的机会了,况且,深入地学习,我们能够更明理、知事,知道哪些人是君子，哪些人是小人，哪些人该敬而远之，哪些人该虚心请教。你说呢？"

小静听了，若有所思地重复着说："嗯，学习的作用不是单一的。"

孩子只有对学习有了兴趣，学习才有动力。如果他们看到的学习只是一堆无用的数字、字母、文字，兴趣何来？ 动力更无从谈起。案例中的小静对歌舞感兴趣，自然就会钻研它们，但如果她意识到了学习另外的作用，并不无用，自然就会调整内心的"兴趣天平"，毕竟青春期的孩子不是不谙世事、不懂思考的，家长所要做的，就是帮助孩子客观看待学习，正确对待学习，培养孩子的学习兴趣。

● 帮助孩子了解学习目的，间接建立兴趣

学习的目的是什么？意义是什么？很多家长没有和孩子讨论过这个问题，所以很多孩子就没有意识到这一点。这不是形而上的理论，是会真正影响孩子学习兴趣的所在。那么，读书学习的目的和意义是什么呢？龙应台对自己的孩子安德烈说："孩子，我要求你读书用功，不是因为我要你跟别人比成绩，而是因为，我希望你将来会拥有选择的权利，选择有意义、有时间的工作，而不是被迫谋生。当你的工作在你心中有意义，你就有成就感。当你的工作给你时间，不剥夺你的生活，你就有尊严。成就感和尊严，给你快乐。"一位先哲说过："不读书的人，天和地都是狭小的，他充其量只能活上一辈子；多读书的人，天和地都是广阔的，他能活上三辈子——过去、现在和将来。"……还有很多很多关于读书学习的意义的说法，笔者不去评价哪种对，哪种错。家长可以和孩子多多讨论，帮助孩子去思考、去了解学习的目的，这样就能让孩子从内心深处建立起对学习的兴趣。

● 嫁接孩子原有兴趣

所谓"嫁接原有兴趣"就是指把原有的其他兴趣转移到学习上来，以培

养新的学习兴趣。比如，爱因斯坦中学时只对物理感兴趣，不喜欢数学，后来他在向纵深研究物理时发现数学是其基础，便又产生了对数学的兴趣。再如，有的孩子不喜欢英语，却对写作很有兴趣。家长可以让孩子尽情写作，同时告诉他，很多国外的写作技巧也值得他去学习，一些英文的原著最是"原汁原味"，这样孩子可能自然就会增加学习英语的积极性。

鼓励为主，保持兴趣是主要任务

在面对孩子的学习成绩时，家长对孩子要多表扬鼓励，少指责打骂，孩子都有自尊心，屡屡受挫兴趣自然荡然无存，所以家长要看到孩子的努力，肯定他们做得好的地方，帮助他们保持学习兴趣与热情。

4.孩子不爱发言的背后

很多青春期孩子在课堂上或者其他场合不爱发言，原因要从生理和心理两个方面进行考量。从生理上要排除智力发育迟滞、发育型语言障碍等问题，如果没有生理方面的原因，那么心理上的原因就需要抽丝剥茧，细细排查。孩子成长至青春期，很多问题都是积累出来的，每个孩子的个体情况也有所不同，家长需要细致地反思自己，观察孩子，找到孩子不爱发言的真正原因。

欢欢走进诊室的时候一点都不"欢"，显得非常胆小、害羞，不愿开口说话，只能爸爸妈妈替她说。

"这孩子在小学就不爱发言，不懂也不问，小学的内容简单，我们在家还能辅导辅导，中学学的知识我们都不会了，她有不明白的也不问老师和同学，老师有时候叫她起来回答问题，她总是闭口不答，傻傻站着。为这事，老师找过我们好几次，我们也三番五次让她胆大一点，不懂就问，可是一点效果都没有。上次她爸爸实在是急了，骂她是哑巴，她居然晚上回房间就割腕了，我们这才意识到问题的严重性，赶紧带她来医院看看。"妈妈忧心忡忡地说。

听完了妈妈的叙述，我们转头问欢欢："是妈妈说的这样吗？把手给我们看看可以吗？"

欢欢没有回答我们的问题，但是乖巧地把手伸了出来。我们看到了她手腕上深深的一道疤痕，因为刚愈合没多久，与其他皮肤有着明显的不同颜色。

"愿意跟我们聊聊吗？"

欢欢低头不语。

在心理诊室里最难进入治疗的就是不开口说话的孩子。心理咨询师需要花费很长的时间获得孩子的信任，和孩子建立稳固的治疗关系，才能让孩子对我们说出他们内心真实的感受，从而找到合适的切入点去帮助孩子，给孩子有效的治疗。相较其他人而言，其实**父母更具备"天时地利人和"，应该是孩子最好的治疗师**。可是很多父母只看到了表象——比如孩子上课不发言，然后就针对这个表象来"治标"，总是问老师、问大夫怎么让孩子开口，根本没有意识到这个问题还有"本源"，不去寻找本源，不去思考本源，更不懂如何去改变本源。

● 不发言的背后是一种焦虑

孩子课堂上不爱发言，其实是内心焦虑的表现，焦虑的来源很多，比如担心发言后被同学、老师嘲笑和否定；天生性格敏感内向；不愉快的童年经历等，100个孩子可能有100个原因，这就需要家长耐下心来，细细地帮助孩子梳理他的内心世界，看看不发言这个"表象"背后的"本源"是什么。在此之前，不批评、不打骂、不急于处理问题，等真正寻找到原因之后，再"对症下药"。

● 老师是最好的"合伙人"

除了家长外，老师是孩子接触最多、对孩子影响最大的人，如果和老师沟通得好，那么老师也会成为家长最好的合作伙伴。当孩子在课堂上不愿意多发言的时候，家长首先需要向老师表明态度——"这个问题我知道了，并且我很重视"，然后和老师商量，是否可以慢慢来，希望老师不要给孩子太大的压力，比如批评、惩罚等，如果可以的话，多和孩子谈心，拉近师生之间的心理距离，问问孩子在害怕什么、担心什么，增加师生间的亲切感，一同找到引起孩子焦虑的原因，在找到原因之后再和老师商量如何在课堂上帮助孩子。

心理小课堂

发育性语言障碍是指由于发育延迟而引起的语言障碍，而非因听力障碍、中枢神经系统器质性损害及严重的精神发育迟缓造成的。发育性语言障碍分为表达性语言障碍和感受性语言障碍两种。表达性语言障碍是指一种特定的语言发育障碍，孩子表达性口语应用能力显著低于其智力年龄的应有水平，但语言理解力在正常范围内，发音异常可有可无。感受性语言障碍是指一种特定的语言发育障碍，孩子对语言的理解低于其智龄所应有的水平，几乎所有感受性语言障碍的孩子的语言表达都显著受损，也常见语言发育异常。

5.作业拖拉与满足感有关

孩子拖拉作业可能是很多家长头疼的问题，我们很容易把它和"坏习惯"简单地挂钩，但事情往往没有那么单纯，孩子的每一种行为背后都有他们的心理活动，找到心理层面的原因，才有可能"治标又治本"。

笔者在心理治疗工作中得出一条经验：孩子的作业拖拉与"满足感"有一定的关系。

雪儿心理治疗持续了4个月，她最初来到诊室，是因为作业拖拉导致成绩滑坡，进而情绪低落，不想上学。雪儿13岁，初一，课业压力比较大，学校留的作业也很多，同学们平均2个小时完成的作业她需要4个小时左右，这造成了她睡眠严重不足。因为睡眠不足她第二天听课效率就有所下降，一些知识点掌握得不扎实，于是第二天做作业的时候需要花费更多的时间……如此的恶性循环使雪儿产生抑郁、焦虑的情绪，一写作业"脑子就不转"。

治疗持续了4个月，其间我们探讨了她对作业的看法，老师、同学对她的评价，也谈到了她对自己未来的一些焦虑和恐惧，但是效果一直不明显，直到有一天，我们发现了一个以前被忽略的问题，才使治疗出现了转机。

那天我们提到了她在学校吃饭，她说，她们学校的午餐是"盒饭"，老师规定必须吃光，她有点挑食，就挑自己喜欢的先吃，然后剩下不喜欢的就心不在焉地慢慢吃。"慢慢"两个字一下子让我"灵光一闪"，然后我试探着问："你做作业的时候那么多科目是按什么顺序做的？"不出我所料，她说她总是把容易的作业先做完，然后剩下的时间就"无比艰难"。于是我建议她，不妨先做那些难的，不会的就空着，明天去请教老师或者同学，也许在第一个小时里就能把那些"硬骨头"挑出来，接下来的时间里，其他作业就会相对轻松。雪儿同意尝试一下，于是我们的治疗有了转

机,不久,她拖延作业的毛病就有了明显的改善。

雪儿先把容易的作业做完再做难的作业,其实就是在心理上贪图安逸和满足。她想先享受快乐,再去面对痛苦,而往往这个时候快乐是短暂的,痛苦则是漫长的,**漫长的痛苦会影响人的心理状态,进而影响学习效率,降低学习兴趣。**

有的孩子的拖拉看似与雪儿不一样,他们有的连简单的作业也拖拖拉拉完成不了。其实,从心理层面上来说他们和雪儿是有相似之处的。写作业对他们来说是"痛苦"的,他们想先享受快乐,于是玩下橡皮,去个厕所,挠挠头……作业却被"打入冷宫"。

● 延迟孩子的满足感

面对这样的孩子，首先要帮助他们建立快乐与痛苦的次序，延迟孩子的满足感，这个次序建立好了，作业拖拉自然会有所改善。比如，星期天和孩子约好出门玩，那么出门前可以先让孩子整理房间、打扫卫生等，等孩子先吃完这些"苦"，再带孩子去"享受"快乐的假期。类似这些细节可以帮助孩子很好地建立次序感，让孩子明白先苦后甜是健康的常态，在青春期不至于因贪图一时的心理安逸和享受而去拖延作业，甚至逃学、旷课、打架。

● 耐心对待拖延的孩子

心理咨询与治疗从来都不是特效药，就如同上面案例中的雪儿，医生和咨询师也是需要不断地了解孩子，充分地体会孩子才有可能找到"突破口"。家长作为孩子最好的"心理治疗师"更是要拿出十万分的耐心，慢慢帮助孩子找到问题的症结所在，以客观、公正、亲切的姿态来接纳和化解孩子的不良情绪和行为。

心理小课堂

延迟满足是指一种甘愿为更有价值的长远结果而放弃即时满足的抉择取向，以及在等待期中展示的自我控制能力。它的发展是个体完成各种任务、协调人际关系、成功适应社会的必要条件。

6. 从另一个角度看待孩子的偏科

家长自己是否有这种体验：本来认为自己不会做的事情，试着去做一做，发现居然没有想象的那么难？比如，放学后母亲在家辅导孩子写作业，灯泡突然暗了，这时候如果等父亲回来修，势必会耽误孩子写作业的时间；如果母亲自己修，又不会，怎么办呢？当然，母亲可以求助朋友或者物业，可是相信有一部分母亲会自己尝试着修理一下，而且大多数母亲都会做得很好——成功地让灯再次亮了起来。

这说明了什么？说明了**很多我们看似"没有天赋"的事情，只要愿意去试，愿意花更多的时间去研究、去琢磨，有什么学不会的呢？**父亲修理一个灯泡5分钟，母亲花5倍的时间，也许也能办到！说到这里，大多数父母都能理解这个道理了，但是如果把这个道理放到孩子的学习上，很多父母却开始"迷糊"了。

小青来到诊室求助是因为学习成绩的下降。

小青的母亲是会计，父亲是理工大学的教授，父母两人都是理科生，从小到大数学成绩都是班级里的翘楚，可是小青从小学三年级开始就体现出了没有什么数学天赋，反而语文倒是不错，写得一手好作文，还被报纸发表过。

父母经常耳提面命："不要偏科，偏科会拉低分数，将来考不上理想的中学、大学！"

我们问小青对自己的学习成绩的评价，她说："我就是偏科，爸爸妈妈说得很对。小学时候就能看出来，现在初中，数学更难了，和语文的差距就更明显了。"

说到这里，小青深深低下了头，不断揉搓着自己的衣角，显得极度没有自信。我们问及具体的学习成绩，孩子不说话，父母替孩子回答："每况愈下。满分100分，本来可以考到85分，这次期中测试居然只有75分！

而且现在越来越不喜欢学数学,觉得自己再学也没用,肯定考不好,在家连书都不愿意翻。我们想着是不是可以从心理角度帮帮孩子,所以才来这里找你们。"

  偏科是很多孩子都会遇到的问题,家长在面对偏科的孩子时,往往容易犯"迷糊"。什么是偏科?一科成绩显著没有另一科成绩好就是偏科吗?这个定义太狭隘了,很多时候孩子会有"假性偏科",尤其在初中阶段,孩子可能因为同学的一句话、社会思潮的影响,以及对老师的喜好等引起偏科的现象,家长要帮助孩子找到偏科的真正的原因,切忌盲目下判断、贴标签。同时,家长一定要明白,**在智力水平没有低下的情况下,没有什么学不会的知识**,就像学会换灯泡的母亲一样,给孩子充足的时间,相信孩子的能力,让孩子去尝试、去钻研、去总结经验,孩子一定能学好。

● 修正对孩子"偏科"的评价

家长要做的是修正自己对孩子的评价,落实到客观现实来评价孩子。比如孩子语文98分,数学89分,家长可以评价"数学比语文低了9分",但切忌评价"偏科,数学比语文学得差"。让孩子明白,天赋的不同让他在同等努力下,语文比数学考得好,但是他的数学只要多一些努力,最终也能学好,因为只要智力没有缺陷,没有什么学不会的知识。那些数学学得好的孩子,情况也是和他一样。

● 警惕心理暗示对孩子成绩的影响

很多时候,孩子认为自己"偏科"才会"偏科",但是如果孩子的心里一旦认定自己"语文不如数学好""数学思维不如别人",那么消极的心理暗示会摧毁孩子在这一门课上的信心,比如上面案例中的女孩就是如此。孩子如果没有学好的信心,想要在这一门课上得高分几乎是不可能的。

心理小课堂

智力障碍又称智力缺陷,一般指的是由于大脑受到器质性的损害或是由于脑发育不完全从而造成认知活动的持续障碍以及整个心理活动的障碍。智力障碍儿童的智力显著低于正常人的平均智力水平。正常人的平均智商为100。当一个儿童的智商为100时表示智力正常,假如一个儿童的智商在70分以下,他的智力就被称为"显著低于"平均水平。智商低于70分的儿童,在100个同龄儿童中仅有两个。

7.孩子与老师关系不好怎么办

马克思说过，人是一切社会关系的总和。**单独一个人是不能存在的，必须依靠"关系"才能生存下来。**师生关系是孩子除了亲子关系外很重要的一种关系。孩子和老师之间除了教育者和被教育者的身份之外，还有因为情感和交流而形成的心理关系，这种心理关系对教学活动的效果有着重要影响。师生关系是否和谐直接关系到教育效果的好坏，甚至对孩子的世界观、价值观产生很大的影响。

文文是一名高一的学生，利索的短发加上简单的校服，让他看上去清清爽爽，可是紧蹙的眉头流露出他内心的纠结。

文文是和爸爸一起来到诊室的，他对我们说："我爸爸觉得我有问题，太偏执了，我自己不这么觉得，所以我们来医院，想请你们评评理。"

据文文描述，事情是这样的：上个月上数学课，数学老师李老师在前面演示，不知道谁在后面出了个"洋相"，逗得大家哈哈大笑。李老师抬头一看，正好看见文文笑得前仰后合，她不由分说地把文文叫了起来。文文辩解说不是自己做的，可是李老师不信，文文没控制住情绪，当场就和李老师吵了起来。李老师一气之下不上课了，转身走了。事后，班主任老师转告文文写一份检查，说是李老师要求的，然后还要文文对着全班朗读，否则就找家长。

"我也怕老师找家长，可是这件事我就是没有错，这种黑锅我不背！"文文义愤填膺地说，"给老师的检查我是不会写的，那个李老师就是针对我，对我有意见！"

"看样子，你觉得很委屈啊！"我们说。

"是啊，他们逼着我写检查，我就是不写，大不了不去上学了！"文文说。

"所以这一个月你都没去上学？"我们试探着问。

  文文不说话，爸爸接口道："可不是吗！我是换着法儿给他写假条，真是耽误学习呀！让孩子去上学他就是不愿意去，脾气太大了，太偏执了！其实他委屈我何尝不知道，那个李老师有时候就是针对他！可是我也委屈啊！"爸爸说，"他就是不肯认错，不肯写检查，老师打电话到我这里来了，让我劝劝孩子，你让我怎么办？他和李老师的关系不好也不是一天两天了，这孩子也是一根筋，和老师关系闹僵了对他有什么好处啊，为什么就不能认个错，退一步呢！现在弄得大家都这么难堪，孩子就是不肯服软去上学，老师那里我又不好说什么，您给劝劝孩子吧！"

  师生关系紧张导致孩子和家长来心理门诊咨询的情况也很常见，毕竟老师是孩子除了家长之外接触最多的一类人，如何处理师生关系对于青春期孩子来说是一种挑战，尤其当被老师"冤枉""误解"的时候，孩子很容易把关系搞僵，影响自己的学习和生活。

● 帮助孩子区分想法和现实

"老师对我有意见"是一个想法,它是不是一个事实是家长首先要帮助孩子分析的。比如上面的个案,**家长首先要做的并不是劝说孩子写检查,而是要就事论事,帮助孩子去看一看"现实"是什么。**老师和孩子之间发生的事情,当时也有很多人在场,事情是很容易澄清的,家长不能"和稀泥"。如果老师对孩子有误解,去解释清楚,如果孩子反应过激了,也要批评孩子,从现实出发给孩子和老师一个交代是最好的。如果这一步不去做,光是让孩子去低头认错,孩子肯定是不愿意的,即使有的孩子迫于家长的压力去低头认错了,对孩子的世界观、价值观的形成也不见得是一件好事。

● 正确、理性地引导孩子

当孩子和老师发生冲突时,老师如果是对的,那么孩子道歉无可厚非。如果老师是错的,**所谓正确、理性地引导孩子,不是让家长教孩子"世故",让孩子圆滑地应对,**而是要让孩子们知道,老师也是一个人,是人就会有做错的时候,对待一个做错事的人,宽容是一种选择——当然,孩子也有选择不宽容的权利,如果老师真如孩子所认为的"故意针对",那么家长要做孩子坚实的后盾,帮助孩子去处理好这件事情。

心理小课堂

良好的师生关系应该是老师和学生在人格上是平等的,在关系上是民主的,在相处上是和谐的。它的核心是师生心理相容,互相接纳,从而形成一种真挚的情感关系。

8. 疏导孩子的厌学情绪

什么是厌学？从心理学角度讲，厌学是指孩子消极对待学习的行为反应模式，比如持冷漠、逃避和对抗的心态来面对学习。在现在的青少年学生中，厌学情况如何呢？据中国青少年研究中心与北京师范大学教育系对全国中小学生进行的一项大型调查显示："喜欢学习"的小学生仅占8.4%，初中生仅占10.7%，而高中生仅为4.3%；而另一项全国性调查显示：年轻的父母中，希望自己的子女将来拥有博士以上学历者占百分之44.5%，希望子女拥有大学以上学历者占92%。这两项调查的反差让我们唏嘘，孩子如此"不喜欢学习"，家长的期待又如此之高，家庭冲突怎能不产生呢？

葛辉今年初二，身高180厘米，看上去是个大小伙子了。他和父母一起来到医院，是为了解决自己的厌学问题。

一个月前葛辉班级进行了物理考试，虽然考试的成绩还没有下来，但是物理老师说有多半人不及格。葛辉知道一定有自己，平时自己的物理就不好，总拖班级后腿，老师瞧不起自己，这次自己很努力，而且向父母保证过考好的，听老师这么一说觉得又完了……于是，葛辉拒绝去上学，他像一只"鸵鸟"一样把自己闷在家里，一待就是一个月，父母问他什么也不说，问急了他就掉眼泪，实在没办法，父母把他拉来了医院。

一个孩子之所以厌学一定是多因素综合作用而造成的，我们需要从多个角度分析孩子的情况，设身处地感受孩子的想法，才能找到帮助孩子最有效的方法。

● 了解厌学的相关知识

家长要想帮助孩子处理好厌学情绪，就必须多了解一些有关厌学的知识。

第一，孩子厌学的原因。让孩子产生厌学情绪的原因比较复杂，我们可以从外因和内因两方面来看。外因包括应试教育的体制缺陷，教师对孩子的批评，同学对孩子的歧视，家庭环境对孩子的影响等。这些情况都会让孩子在内心造成对学习的厌烦情绪。内因就是指孩子自身的因素，从学习的过程来分析，厌学的一个突出原因是心智活动差，心智活动差的主要表现就是不善于通过积极的思维活动来理解和吸收新知识，因此学习成绩不佳，自然对学习喜欢不起来，还有一个原因是孩子的性格气质特点，当遇到学习压力时，如果孩子心理承受能力不够强大，很容易使孩子产生厌学和抵触的情绪。

第二，厌学有轻重之分，家长不用草木皆兵。回想我们自己的学习生涯，几乎每个人都有"不想学"的时候，通常我们是偶尔地对某项作业、对某门学科或者对某位老师产生了"厌烦"，这属于轻度的厌学，一般通过自己运动、聊天等活动就能自行纾解。如果孩子经常对某项作业、对某门学科或者对某位老师有厌烦情绪，甚至出现了抑郁、焦虑等典型的负面情绪，或者伴有一些生理症状，比如头痛、胸闷等，就要引起家长的重视了，这一般是中、重度的厌学，需要得到专业人士在心理上的帮助。

第三，厌学的表现。厌学的孩子大多有下列一种或一种以上的表现：其一，逃避上学。就像上面案例中的葛辉，他就是典型的"鸵鸟心态"，逃避上学；其二，学习成绩每况愈下。当孩子心中厌恶学习但又不得不学习时，成绩一定是不理想的，并且可能是每况愈下；其三，容易疲劳。厌学的孩子在内心深处对学习存在反感，这种深层的厌学情绪会抑制生理功能的发挥，因而孩子可能会经常产生学习疲劳，比如一坐到书桌前就打瞌睡，一拿起作业本就累得不行，但只要一离开学习，他们的生机活力顿时恢复；其四，惹是生非。有些厌学的孩子上课喜欢恶作剧，下课喜欢找麻烦，老师、家长以为是其行为不好、性格不良，其实，他们是在以制造事端为形式来表达自己对学习的不满，对老师的不满，对学校的不满。

● 疏导厌学情绪的有效方法

父母应该如何疏导孩子的厌学情绪呢？这里大概归纳几个方法，旨在给家长提供一个参考方向。

第一，审视自我的教育观念和方法。之前的调查数据就已经把家长内心对孩子的期待值呈现出来了。父母对孩子的期待常常是与孩子的能力不匹配的，当孩子出现厌学情绪的时候，家长要审视自身，看看自己有没有过分期待孩子的分数和名次，这种期待有没有无形中挫伤孩子的自尊和自信。如果期待过高，那么势必会造成过大的压力，而**孩子只有在压力相对合适的情况下，才能够正常面对学习和生活，过大的压力一定会适得其反。**

第二，观察老师的教育观念和方法是不是有问题。孩子在学习过程中，老师的教育观念和方法对孩子的影响也非常大，如果老师是一只"老虎"，那么孩子出现退缩、害怕的情绪是再正常不过的。家长要多找机会多了解老师，有必要的时候和老师沟通一下孩子的情况，取得老师的理解和帮助。

第三，教孩子掌握科学的学习方法。学习成绩不好是几乎所有厌学孩子的表现，所以，家长要帮助孩子找到适合他们的学习方法。现在学习方法很多，各种学习途径也有很多，家长可以和孩子一起一个个去试，毕竟学习是一辈子的事情，现在多花些时间去寻找适合的学习方法，是"磨刀不误砍柴工"的。

第四，积极进行心理疏导和治疗。对于厌学情况比较严重的孩子，如果有条件的话，家长还是最好寻求专业人员的帮助，可以更及时、有效地进行针对性的干预。

心理小课堂

厌学虽然是孩子的一种负性的情绪和行为，但还不是一种诊断名词，所以在常用的诊断标准里没有这种现象的诊断标准，但其可能会共患某种有诊断标准的心理障碍，如学校恐怖症、抑郁症等。

9.当孩子考试成绩不理想时……

考试是孩子学习生涯里必然会经常遇到的挑战，既是挑战，那么肯定会有时候成功，有时候失败。

新华网报道过这样一则新闻：

江苏高邮市一所中学的初二女生陆芳（化名）在留下遗书后服毒自杀。

今年15岁的陆芳是高邮市汉留镇初级中学初二（3）班学生，在班上担任副班长和英语课代表。从小，陆芳懂事好学，品学兼优，奖状几乎贴满了家里的一面墙壁。住在陆芳家附近的吴奶奶说，小芳的爸爸妈妈在北京的建筑工地打工，爷爷有时也出去找点活干，平时家里只有小芳和奶奶两个人。18日晚上陆芳还好好的，没想到第二天早上喊她就没人应声了，她的床下放着农药瓶，桌上还有几张遗书。这孩子从小就听话，成绩又好，对长辈孝顺，没想到出了这样的事。

"爸爸妈妈，爷爷奶奶，其实我也舍不得你们，我的千言万语，再也没有机会说了，你们一定要好好生活，这是我唯一的心愿，希望你们体谅我、原谅我！""对不起，我考试不争气，让你们丢脸，这辈子我最后悔的是，没有好好孝敬你们！"这是陆芳在遗书中留给亲人最后的话，字里行间有太多对生命和生活的留恋，其中"对不起"这三个字陆芳一共重复了31次。

陆芳的班主任徐老师用"震惊"二字来形容他当时得知此事的第一感受。"我简直不敢相信，太出乎意料了！"徐老师说，陆芳品学兼优，在班上担任班干部，留给他的印象非常好，各科老师对她的评价也相当不错。陆芳的成绩在班上正常是前几名，她不但成绩好，人也很开朗，能和同学们打成一片。这次期中考试，陆芳的成绩还是前几名，并无不正常之处，真没想到发生这样的事情。

从心理学角度看来，这是孩子考试后出现焦虑症状的典型病例。考试后，很多孩子都会感到紧张焦躁，尤其是平时成绩好、懂事、自尊心强的孩子，如果没有考出自己的实际水平，就会产生强烈的心理落差。表现为懊悔自责、易激惹、坐立难安、睡眠不好、呼吸困难等常见焦虑反应。而这时候**家长如果没有注意到孩子的这些负面情绪，反倒对孩子抱怨、责骂，那么孩子就会失去心理平衡而更加放大这些负面情绪**，产生"轻生"的想法。

作为家长，当孩子"考试不理想"的时候，要注意下面三点。

● 父母先要处理好自己的情绪

面对孩子考砸的事实，家长首先要处理好自己的情绪，切忌对孩子抱怨、责骂。青春期的孩子是知道"好坏"的。考试没考好，孩子自身情绪状态也是非常焦虑、生气、失望、气馁的，有的孩子还会有对不起父母的感觉。这时候父母应该学会接纳孩子的情绪，多给孩子一些温馨的关怀，同时在言语和行动上要相信孩子，鼓励孩子，千万不要只顾着自己发脾气，忽略了孩子的感受。当孩子的情绪安抚好了，家长可以再开始和孩子讨论这次考试的失败之处，如何提高成绩等。

● 帮助孩子恢复自信

孩子因为考试成绩不理想,往往容易影响他的学习信心,针对这种情况,家长要尽力帮助孩子恢复自信。

福井谦一,日本理论化学家,美国科学院外籍院士,欧洲艺术科学文学院院士、日本政府文化勋章获得者。福井由于在1951年提出直观化的前线轨道理论而获得1981年诺贝尔化学奖,他是第一位获得诺贝尔化学奖的日籍科学家,同时也是亚洲第一位诺贝尔化学奖得主。

福井谦一一家本来住在一个乡下,但父亲不愿在贫困、闭塞的乡村继续住下去,便把家搬进了大阪府,好让孩子受到良好的教育。自然,福井谦一便进了这里的知名学校学习。父亲对儿子的期望也很高,希望他将来能够出人头地,彻底改变家庭的命运。

然而,福井谦一最初的考试成绩并不理想。那是一个夏日,阳光火辣辣地照射大地。人们都躲进屋子里避暑,路上行人稀少。这时,有一个孩子却游荡在大街上,顾不得阳光的曝晒。他把手里的试卷看了一遍又一遍,一声又一声地叹着气。他就是福井谦一。

他硬着头皮走进家门,迎面碰上了父亲。

"爸爸,我这次考试又没及格。"小谦一低下头,小声告诉父亲。

"真的吗?"父亲听得清清楚楚,"让我看看。"

父亲看了儿子的试卷,一丝失望从心头掠过,因为这是儿子很多次不及格考试的最新纪录。但是,看到儿子同样难过的表情,父亲并没有把失望和难过表现出来。他迟疑了片刻,微笑着对小谦一说:"啊,这是第几次不及格了?不过不要紧,这次考试不能代表下一次考试;现在考得不理想,不能代表以后考得也不理想。我想,只要你努力了,总有及格的时候。你说呢,谦一?"

"爸爸,我看我还是不上学了。我不是读书的料,太笨了。"小谦一哭了。

"谁说的呢?"父亲一愣,他抚摸着儿子的脑袋,鼓励他道,"谁说你很笨呢？虽然你的功课暂时没跟上，这并不表明你很笨。你是个很努力的孩子，这点困难算得了什么？只有在困难面前不退缩，才能战胜困难。如果连这一点困难都战胜不了，以后不管干什么，都会被困难吓倒的。相信爸爸的话，努力地学，你会超越自己的。"

小谦一被父亲宽容和鼓励的话打动了，心里重新燃起了勇气和希望。

考试考砸之后孩子的自信心一定会受到打击，有的会出现"灾难化"的想法，比如"我不是学习的料""我太笨了""我糟糕透了，我完蛋了"……家长要帮助孩子正确认识自己，一次两次考试失利不能代表"自己不行"，同时，还可以帮助孩子盘点一下他在学习上的优点（比如记忆力好，善于归纳总结，注重基础，学习踏实等），让孩子重新树立自信。

● 恰如其分地分析考试成绩不理想的原因

当孩子拿回不理想的成绩单的时候，家长要引导孩子恰如其分地分析自己考试成绩不理想的原因，比如是所学知识没有掌握，还是解题不符合规范？是学习方法问题，还是粗心大意问题等。不仅要找出解决问题的相应方法，还要找出进一步提高的措施，切实做到查缺补漏，以达到有重点、有针对性的高效率学习。

心理小课堂

易激惹是一种反应过度的状态，这种状态下的人一遇到刺激或不愉快的情况，即使极为轻微，也容易产生一些剧烈的情感反应，极易生气、激动、愤怒，甚至大发雷霆，与人争执不已。

10.科学对待爱打游戏的孩子

2018年11月3日,由王思聪创立的IG战队夺得2018英雄联盟全球总决赛世界冠军,游戏达人的狂欢与许多家长的费解形成了鲜明对比,家长与孩子对于游戏的认识出现了一道鸿沟。

15岁的小磊是和爸爸妈妈一起来到诊室就诊的。他戴着厚厚的眼镜,长长的头发看上去好几天没有洗了,坐下后一直低头不语,抠着自己的手指甲。

"大夫,您看看我们孩子吧,逃课打游戏,还一两个月不洗澡,我们打也打了,骂也骂了,什么用都没有。前天,我半夜起来上厕所,看见孩子房间还有亮光,我直接推门进去一看,发现孩子居然凌晨两点还在打游戏!我生气极了,把电脑那些线全都剪断了,显示器也砸了,没想到孩子疯了一样揪住我的头发就打,我大声嚷嚷,他爸爸听见了叫声过来我才脱身。即便是这样,您看看脸上,这儿,这儿,都是孩子打的伤痕!他有了游戏,就没有父母了啊,这可怎么好呀!"妈妈说着说着哭了出来。

小磊不说话,也没有任何反应。

小磊的爸爸接着说:"您这儿有什么措施?只要能治,我们都配合。这孩子网瘾很长一段时间了,得有快一年了,经常逃课,我们索性就给他办了休学,现在反正也有时间,前天都打他妈了,不治是不行了!"爸爸气愤地说。

"你说说,自己是什么情况?"我们问小磊。

"打我妈是我不对,但她砸我电脑就对吗?"小磊反驳道,"我一开始也就是学习压力太大,为了放松一下才打游戏,没想到爸妈看见了就好像我犯了天大的错误一样,天天盯着我学习不让我碰电脑、手机,正常人谁受得了?我就只能逃,逃课就是那时候开始的,逃课干吗呢,就还是打游戏呗,打着打着也就放不下了……"

小磊一开始打游戏可能只是放松一下，可是家长草木皆兵，只堵不疏，事情越来越糟糕，直至闹到医院。家长在面对孩子打游戏的时候，一定要放稳心态，科学对待。

● 有时候，游戏是替家长"背黑锅"

现在青春期孩子的学习压力很大，这点不用多描述，所有家长都能够体会，孩子需要减压的时间和渠道。本来可能同学之间的聊天、喜爱的运动等可以纾解一部分孩子的压力，可是家长把孩子纾解压力的大部分时间占用了——给孩子报了各种兴趣班、提高班等。当孩子对家长诉苦时，家长会语重心长地说："就苦这几年，坚持一下！"于是，孩子被逼着继续顶着高压学习，可是在高强度的压力下，孩子能撑多久呢？游戏一出现，很多孩子就沉迷了。这时候，很多家长又把责任全部归咎于游戏，觉得是游戏毁了自己的孩子。但是**从教育心理学看来，家长缺乏自省，根本没有意识到自己的问题，游戏是替家长"背黑锅"了。**

● 爱打游戏不代表网游成瘾，家长不要草木皆兵

网络成瘾分为网络网游成瘾、网络色情成瘾、网络关系成瘾、网络信息成瘾、网络交易成瘾等五类，其中以网络网游成瘾居多。**很多家长看到孩子爱打游戏就认为孩子"成瘾"了，其实家长大可不必草木皆兵，"喜爱"和"成瘾"之间还是有差距的。**

2018年9月份，国家卫健委发布《中国青少年健康教育核心信息及释义（2018版）》，对于网络成瘾其中有着清晰的描述：在无成瘾物质作用下对互联网使用冲动的失控行为，表现为过度使用互联网后导致明显的学业、职业和社会功能损伤。其中，持续时间是诊断网络成瘾障碍的重要标准，一般情况下，相关行为需至少持续12个月才能确诊。

家长可以对照标准来判断孩子的情况是否到了"成瘾"的标准，如果还

没有就不用草木皆兵，如果拿不准可以去医院咨询。

另外，2018年6月18日，世界卫生组织发布了新版《国际疾病分类（预先预览版）》，将游戏障碍（俗称游戏成瘾、网游成瘾）添加到关于成瘾性疾患的章节中。这表明国际社会对网游成瘾也在不断的研究当中。家长毕竟不是专业人士，专业人士尚且在讨论和探索之中，家长就不用草木皆兵，要用科学的态度来对待孩子打游戏的情况。

● 无论何种情况，家长要坚决抵制暴力戒治

目前社会对于治疗网游成瘾存在一些乱象，有些家长不带孩子去正规的医疗机构，而是去社会上一些机构进行治疗。这些机构有的采用暴力的惩戒手段来治疗孩子，比如殴打、辱骂、体罚等，这是非常不可取的。对于精神障碍疾病的诊断、治疗，《中华人民共和国精神卫生法》规定，应当遵循维护患者合法权益、尊重患者人格尊严的原则，保障患者在现有条件下获得良好的精神卫生服务。对于暴力戒治网游成瘾家长一定要坚决抵制，它非常不人道，还有可能对孩子造成莫大的心理伤害。

心理小课堂

医学意义上的成瘾有严格的判断标准，家长不必草木皆兵，要警惕暴力戒治手段，尊重孩子，不要给孩子过多的压力，需要治疗的话，一定要选择科学、正规的医疗机构。

第四章

别让青春期变成"惹祸期",积极关注孩子的个性发展

1. 独立：帮助孩子实现真正的自我

说到独立，要先明白一点——**独立和年龄没有关系**。有的大人，甚至是老人，仍然没有独立的自我，笔者经常在诊室看到一些痛哭流涕的中年人，他们后悔自己的各种选择，做出决定总是犹豫不决、患得患失。而有一些年轻人，甚至是十来岁的孩子却拥有独立的自我，他们勇敢地面对自己的心灵，并且愿意对自己的人生负责，努力去实现真正的自我。

生而为人，越早拥有独立的人格越好，因为人们一生要经历无数的挑战和挫折，拥有独立人格的人能够更早地走出朦胧和混沌的状态去实现自我。家长可以在孩子青春期的时候多重视这一点，帮助孩子逐渐成长为一个心智成熟的人。

小利和父亲来诊室时是一年前，那时候他们闹得不可开交。

小利就读于某知名附中，那是公认的明星学校，从那里毕业的学生多数会考入重点大学，步入精英阶层，人生之路可以说是一片光明。小利的父亲是附中的领导，这对小利来说更是"有利条件"，他的前途不可限量。可是让大家意想不到的是，小利在初一的下半学期却提出了休学，理由是"那个学校我不喜欢"，这一举动无疑是在家庭里投下了一颗"原子弹"，爸爸妈妈自然是不同意，七大姑八大姨也来苦苦相劝，却效果甚微。

父亲只能拿出家长权威，命令小利不许休学，小利只能重返学校，却在一个月之后成绩大幅度下降，情绪也非常低落，老师反映他上学注意力不集中，脑子"变慢"了，之前喜爱的篮球、足球也都再也不碰了。

父亲认为这是小利在和他做"无声地反抗"，于是加重了自己的"高压政策"，停止了孩子校里校外的一切娱乐活动，每天训斥孩子，督促孩子按时上下学，希望孩子能够"放弃抵抗"。一个月后，孩子是"放弃抵抗"了，但他开始自伤，甚至尝试自杀，父亲这时候才意识到情况不对，决定带着孩子来寻求心理咨询师的帮助。

初次见到小利时，他对我们是这么说的："我一进到附中，就觉得很难适应，那里的老师、同学、课程、校园都让我觉得格格不入，我不喜欢。上了一学期以后，我觉得自己被'绑住'了，好像我除了努力学习，考个高分就没有其他的任何选择了。我的人生路就像被提前预知了——考上理想的大学，然后找一份高薪的工作，结婚生孩子……我觉得生活可以被预知的话，还有什么乐趣可言呢？这不是我想要的。大家都说我太小，不懂事，这样

我觉得未来被预知了……我不要这样，我的人生应该我自己决定，不是吗？

的人生其实才是最美好的人生，可是美好不美好真的应该是我说了算的，是不是？他们觉得好的，我不一定觉得好呀？而且我没有决定自己人生的权力吗？"

小利的一番话让我们刮目相看，父亲之前是让我们帮助这个孩子"改变想法，重返校园"，但是小利的一番话让我们觉得他绝对不是一个父亲口中的"冲动莽撞的青春期孩子"，他的所思所言有理有据，值得我们深入探讨。

经常听到类似的新闻：某富翁突然捐出万贯家财，回到老家教书；某白领精英突然辞职，开始零起步创业……看到他们的时候，也许有的人会摇头轻笑，觉得他们"糊涂""身在福中不知福"。而**从心理学角度来看，他们可能"顿悟"了，开始大踏步成长了，开始掌握自己的命运独立生活了！**

判断一个人的决定是好是坏、是对是错和个人的价值观有关，但是勇于做出决定的人却是一个真正独立的人。家长在忙着"修正"孩子错误决定的时候，千万不要抹杀孩子的独立性。否则孩子即便是听从了家长的话，步入

了"正常的、安全的、被社会认可的"人生，他们也是不快乐的，是丧失自我的，很可能抑郁、焦虑、强迫……毕竟人们成家立业、生儿育女，绝非仅仅是为了满足他人的愿望，不是吗？

● 青春期的孩子不是"孩子"而是"小大人"

笔者经常看到父母领着孩子来医院就诊，说"孩子懂什么，不能由着他自己来"，让咨询师帮忙当"说客"，说服孩子重返校园，说服孩子不要玩手机，说服孩子不要早恋……家长认为自己的想法是对的，只是不懂方法怎么说服孩子，所以来寻求心理师的帮助。但是，孩子已经十几岁了，青春期的他们不再是"孩子"了，他们真的有自己的想法，甚至有时候比家长想得还要周到、还要深刻！作为监护人，家长所能做的是帮助孩子一起分析利弊，让孩子自己做决定即可。家长要学会"放权"，要学会相信孩子，**孩子完全不必要按照家长的价值观去生活，他们是我们的孩子，他们更是他们自己！**

当然，在这一过程中，要强调的是孩子必须为自己的决定、自己的人生负责任。毕竟有些路是不能回头的，有些决定是不能更改的。只要孩子明白这一点，任何决定，只要不触犯法律，家长都可以去尝试着去理解和接纳。

● 做孩子最坚实的后盾

孩子有时候的决定并不一定和家长的想法相符，作为家长，这时候不宜用"我以后不管你了""我没你这个儿子"之类的话语把孩子推到千里之外。这会让孩子心里的不安全感爆发，也许一时之间看不出变化，但是他们内心是"惶惶不可终日"的，他们觉得自己变得"孤独无依"，那时候会产生蝴蝶效应，引发一系列不良的情绪，陷入心理疾病的泥沼，对孩子的成熟、成长百害而无一利。家长需要让孩子意识到，**不管什么时候，不管他做什么决定，他都是有价值的，都是值得被爱的，爸爸妈妈都会支持**，在这种"爱的滋养"下，无论孩子走哪一条路，都会走得很好！

心理小课堂

蝴蝶效应指的是在一个动力系统中，初始条件下微小的变化能够带动整个系统长期的、巨大的连锁反应。如果家长在孩子的成长过程中漠视孩子的需要、抹杀孩子个性、一味让孩子按照家长安排来生活，无疑是在"初始条件中"埋下了隐患，孩子在今后的人生中无法获得心灵的独立，更无法成为真正的自我，他的将来就有可能面对很多"蝴蝶效应"引起的复杂的负面情绪。

2. 决策能力：影响孩子一生的能力

人们每天都要做各种决定，小到午餐吃什么，大到要不要辞去这份工作。有的人做决定很爽快，小事几乎"不用动脑子"，大事经过自己的分析，很快就能明确自己的目标、做出决定；而有的人则会很纠结，甚至出现"选择障碍"，尤其在面对一些重要选择的时候，左右摇摆非常厉害，内心的痛苦体验也非常明显。为什么会有这样两种人呢？撇去先天的因素，后天对决策能力的培养影响很大。

来到心理诊室的华先生四十多岁，用他的说法，他"抑郁"了。

华先生来之前刚参加完高中同学会，同学们有的是IT公司高管，有的是金融界翘楚，有的念到的博士、博士后……反观自己，他觉得自己非常普通，在一个建筑公司当一个年薪平平的建筑师，职业生涯基本上不会有什么大的建树，他说自己无非是"混日子、等退休"而已。

"当时我并不想念建筑系，可是我的父母非要我去这个系，"华先生对我们抱怨道，"我热爱艺术，喜欢画画，如果我不选择建筑系，我现在可能会是一个非常受欢迎的画家，我的命运可能从此不同！"

"可是，做决定的是你自己呀！包括最后听从父母的话这个决定。"我们说。

华先生一愣，眼眶湿润。

华先生意识到，最终做出决定的是自己，迈进建筑系的是自己，他应该反思的是，当初自己的决策能力去哪儿了呢？

● 教会孩子如何做决定

孩子的决策能力影响孩子的一生，尤其是青春期的孩子，面临着怎么填中考志愿，高考志愿等重大决定。**家长要做的，不是代替孩子决定、影响孩子决定，而是教会孩子如何做决定，让他们懂得在纷繁复杂的选择项中选择出最为科学和合理的选择项，并且勇于承担决策有可能带来的痛苦。**

第一，孩子自己的事由孩子自己作主。一方面，孩子的事就放手由孩子自己决定。例如孩子有什么样的兴趣爱好，父母就尊重孩子的这一爱好，而不要强迫孩子完全听自己的。另一方面，父母不要大包大揽本来应该孩子自己做的事情。例如一些力所能及的家务，孩子的作业等，由孩子自己完成和自主安排比较好，如果他们"磨蹭了""忘记了"，那么他们要去承担结果。

第二，孩子之间的事也由孩子作主。青春期的孩子总会有几个自己的"闺蜜"或者"兄弟"，而人与人一旦走得近了，矛盾和摩擦是避免不了的。当家长看到孩子和他人起争执，或者孩子情绪出现波动的时候，一定不要着急"帮助"孩子，给孩子时间，让孩子自己去处理问题，这对锻炼孩子的决策能力也是有利的。

第三，父母的事请孩子参谋。父母的事请孩子参谋，不仅能够很好地培养孩子的决策能力，还能给孩子心理上的满足感。例如，在商店买衣服时，请孩子看看想买的这件衣服颜色、式样、做工如何，是否适合给自己穿。如果父母最终按照孩子的意思购买了或放弃了这件衣服，孩子一定会感受到父母对他的尊重和肯定，并对自己的决策能力充满信心。

● 重大决策要和孩子商量着来

还要关注的是，当孩子面临中考、高考填志愿这种重大决策的时候，家长该怎么做。上哪所学校是很多父母代替孩子做决定的，因为父母认为"孩子还小""考虑不可能全面"，所以很可能基本不与孩子商量，或者很少听取孩子的建议。其实，很多孩子都会有自己的想法，父母不妨给孩子一个机会，和孩子商量着来。

第一，给孩子一个恰当的选择范围。过于复杂的选择范围不利于孩子的决策，家长可以给孩子一个恰当的选择范围，这个范围可以是家长通过层层筛选，选择出的比较适合孩子的几个选择。这样做一方面锻炼了孩子的决策能力，另一方面可以避免孩子做出大的错误的选择。

第二，给孩子决策的时间。有些决策是不需要立刻做出的，比如上哪所初中、高中、大学，可以等到最后的时刻再做出决定。因此，家长可以稍早些提出这个问题，给孩子一定的时间去考察、思考，这样有利于孩子做出最适合自己的决定。

第三，尊重孩子的决策。当孩子做出自己的决定后，家长要抱着尊重的原则来看待。当然，这并不是说，孩子想怎样就怎样，家长在听到孩子的选择后可以和孩子继续讨论，说出自己的想法，但是要注意语气和方法，不要让孩子觉得家长在"假民主"。大的原则是，**在阐明了所有利害关系、尽到了监护人的职责之后，尊重孩子的决策。**

心理小课堂

选择障碍实际上属于一种强迫障碍，对于同样能达到目的的不同方法、途径、路线，在选择的时候难以抉择，即便做出决定后仍然疑虑其他的选择是不是更好，从而导致时间上的浪费、精神上的焦虑。

3.任性：孩子追求"自我"的呼声

朦胧诗派代表人物顾城曾经写过一首诗《我是一个任性的孩子》：

我是一个任性的孩子，我想在大地上画满窗子，让所有习惯黑暗的眼睛都习惯光明。

也许我是被妈妈宠坏的孩子，我任性，我希望每一个时刻都像彩色蜡笔那样美丽，我希望能在心爱的白纸上画画，画出笨拙的自由，画下一只永远不会流泪的眼睛，一片天空，一片属于天空的羽毛和树叶，一个淡绿的夜晚和苹果。我想画下早晨，画下露水所能看见的微笑，画下所有最年轻的没有痛苦的爱情，画下想象中我的爱人，她没见过阴云，她的眼睛是晴空的颜色，她永远看着我，永远看着，绝不会忽然掉过头去。我想画下遥远的风景，画下清晰的地平线和水波，画下许许多多快乐的小河，画下丘陵长满淡淡的茸毛，我让它们挨得很近，让它们相爱，让每一个默许，每一阵静静的春天的激动都成为一朵小花的生日。我还想画下未来，我没见过她，也不可能，但知道她很美。我画下她秋天的风衣，画下那些燃烧的烛火和枫叶，画下许多因为爱她而熄灭的心。画下婚礼，画下一个个早早醒来的节日——上面贴着玻璃糖纸和北方童话的插图。

我是一个任性的孩子，我想涂去一切不幸，我想在大地上画满窗子，让所有习惯黑暗的眼睛都习惯光明。

我想画下风，画下一架比一架更高大的山岭，画下东方民族的渴望，画下大海无边无际愉快的声音，最后，在纸角上我还想画下自己，画下一只树熊，他坐在维多利亚深色的丛林里，坐在安安静静的树枝上发愣，他没有家，没有一颗留在远处的心，他只有许许多多浆果一样的梦和很大很大的眼睛。

我在希望，在想，但不知为什么我没有领到蜡笔，没有得到一个彩色的时刻，我只有我，我的手指和创痛，只有撕碎那一张张，心爱的白纸，让它们去寻找蝴蝶，让它们从今天消失。

我是一个孩子，一个被幻想妈妈宠坏的孩子，我任性。

顾城的这首诗很长，笔者"任性"地全部引用了进来！诗歌中描写的任性和我们常规意义上理解的任性有所不同，或者说，更深了一个层次。顾城在诗中追求一个纯净、和谐、不受打扰能够做梦的地方，他好像找到了造物主的感觉，恣肆挥毫，任意点缀，这就点出了任性背后的心理含义——对自我的追求。

心理学家认为，任性是一种心理需求的表现，这种心理需求最突出的就是对自我的追求。青春期孩子的任性本质上讲是希望成为真正的"自我"，有这种需求的原因就是——孩子认为自己没有成为真正的自我。这可能是因为家长从小就满足孩子的各种需求，最终导致孩子不知道自己到底想要什么，也不知道想要成为什么样的自己——似乎自己做什么都可以，又似乎做什么都不那么对；也可能是因为家长从小就对孩子"指手画脚"，孩子成了家长的孩子，而不是"自己"，所以到了青春期，他们开始寻找"自我"了。

● 给孩子过多的关注会让孩子迷失"自我"

很多大人有这样的经历：去网上购物平台搜索一样小东西，可能就十几二十块钱，一旦你按下搜索按键，铺天盖地的商品介绍就出来了，你觉得这个也好，那个也好，并且都是十几二十块，这意味着你什么都能买，你想要什么都可以。可是你也许花了2个小时也没有下单，为什么？太多了，看到最后根本不知道自己到底想要什么样子的了。

这种经历放到家庭教育中来，**如果一个孩子从小到大想要的东西都被满足，他想要什么都可以，父母家人什么都给，到最后，他会发现他也不知道自己需要什么。**所以，当孩子"任性"的时候，家长要反思自己的教养方式是否出现了问题，及时调整，把对孩子的关注和爱调控到合理的范畴上来，这能够有效地帮助孩子寻找到自我，"任性"自然也就不存在了。

● 管束孩子太多孩子必然会寻找"自我"

有的爸爸妈妈从小不许孩子干这，不许孩子干那，对孩子各种各样的约束太多了，孩子就像花卉种植基地的植物一样，多一根枝叶就要被修剪掉，施肥、除草都有严格的标准和规定，爸爸妈妈认为这样种出来的花儿一定很好。初心没有错，可是**孩子是人，不是花，每一个孩子都是独一无二的自己，他不想做别人眼里的"好孩子"，就想做自己，又有何不可呢？**况且，孩子小时候可以管得住，等孩子到了青春期，他有手有脚有思想，家长怎么可能管得住他寻找"自我"的步伐呢？于是，孩子各种"任性妄为"的情况就出现了。

如何把对孩子的管束放到合理的位置是家长需要深入思考的一个问题，家长之于孩子是一个"监护人"，只要孩子没有触及法律或者社会上其他规则的底线，完全可以让孩子自己去探索，自己去思考，让孩子拥有寻找"自我"的机会和体验，这样长大的孩子会很明白自己想要做什么样的人，要成为什么样的自己，那些试探家长底线、社会底线的任性行为也会逐渐消失。

心理小课堂

孩子的任性心理不是天生的，家庭教育环境是导致孩子产生任性心理的主要原因。在孩子成长的过程中会不断出现"我要"的需求，这种需求其实就是孩子在探索自我的需求，家长的反馈直接影响孩子的心理发展。

4. 竞争：自我意识的成熟与发展

孩子的竞争意识与他的自我意识紧密相连，它是自我意识发展的重要表现。在孩子小的时候，他可能会和小伙伴争一块蛋糕，那是因为他的自我意识萌芽了，他需要通过"自己胜过别人"的事实来突出自己的独立人格；等孩子到了青春期，他可能会非常在意他人对自己的看法，或者在意自己的穿着、考试分数等，孩子们需要了解自己的言行将会如何影响自己在别人眼里的形象，这是以竞争的状态来维护自我意识的发展。当然，有些青春期孩子会显得特别"与世无争"，不参与班级活动，回避学校竞赛等，这是怕自我意识在竞争中遭到伤害的消极表现。无论孩子如何做，这都意味着在青春期孩子的竞争意识是突出且重要的。

● **竞争意识的重要性**

竞争意识是指对外界活动所做出的积极、奋发、不甘落后的心理反应。它是产生竞争行为的前提。但许多家长还没有认识到竞争意识对于孩子人生的意义。

相传，挪威人从深海捕捞的沙丁鱼很难活着上岸，抵港时如果鱼仍然活着，卖价就会高出许多，所以渔民们千方百计想让鱼活着返港。但种种努力都归于失败。

奇怪的是，有一位老渔民天天出海捕捞沙丁鱼，返回岸边后，他的沙丁鱼总是活蹦乱跳的。而其他几家捕捞沙丁鱼的渔户，无论如何处置捕捞到的沙丁鱼，回港后全是死的。由于鲜活的沙丁鱼价格要比死亡的沙丁鱼贵出一倍以上，所以没几年的工夫，老渔民一家便成了远近闻名的富翁。周围的渔民做着同样的营生，却一直只能维持简单的温饱。

老渔民在临终之时，把秘诀传授给了儿子。原来，老渔民使沙丁鱼不死的秘诀，就是在沙丁鱼的鱼槽中，放进几条鲶鱼。因为鲶鱼是食肉鱼，放进鱼槽后，鲶鱼便会四处游动寻找小鱼吃。为了躲避天敌的吞食，沙丁鱼自然加速游动，从而保持了旺盛的生命力。如此一来，沙丁鱼就一条条活蹦乱跳地回到渔港。

无独有偶。国外一家森林公园曾养殖了几百只梅花鹿，尽管环境幽静，水草丰美，又没有天敌，可是几年以后鹿群非但没有发展，反而病的病、死的死，竟然出现了负增长。后来他们买回几只狼放置在公园里，在狼的追赶捕食下，鹿群只得紧张地四处奔跑以逃命。没想到，这样一来，除了那些老弱病残者被狼捕食外，其他的鹿体质日益增强，数量也迅速增长。

动物如果没有竞争对手就会变得死气沉沉，人也是如此。一个人是需要竞争的，否则很容易就甘于平庸、懒散度日，最终导致碌碌无为。重视孩子竞争意识的发展对孩子来说是必要的，先不说我们希望孩子将来通过竞争取得如何的成就，他们即便没有大的成就，但面对的社会就是一个充满竞争的社会，如何在竞争的社会里很好地生活下去也同样属于竞争意识发展的重要一环。

● 端正对竞争的态度

孩子在面对竞争的时候，思想很容易"误入歧途"。

军军是在农村读的小学，成绩优异，爸爸妈妈后来把他接到了城里读初中，却没想到孩子的心理状态亮起了红灯。

军军的小学教学质量不是很好，所以他进入城里的初中后觉得很多科目都跟不上，尤其是英语。本来学习成绩经常第一、第二的军军，现在在班级里只是中下游水平。

一开始，军军发奋努力了几个月，可是考试过后自己和同学们的差距还是很大，军军气馁了，开始变得自卑和苦恼起来，后来还沉迷于网络游戏，学习更是一落千丈。

在实际生活和学习中，竞争无处不在，如果有正确的态度，那么竞争当然是有利于孩子的成长和发展；但如果竞争意识"误入歧途"也很容易让孩子的状态直线下降。家长如何正确引导孩子的竞争心理呢？

无论我多努力，成绩也比不上同学们……

第一，让孩子明白，"第一"不是目的，超越自己才是。有竞争就会有成败，对于既定的结果，关注点要放在"我学会了什么"，而不是"我是不是第一"。**人的进步在于不断地超越自己，而不是和别人比高低，这是竞争的意义所在。**

第二，告诉孩子良性竞争的含义。竞争分为良性和恶性两种。恶性竞争是指自私的、狭隘的、暗中算计别人的竞争；而良性竞争讲究公平、公正、公开，用自己的实力取胜。我们要与别人良性竞争，而遭遇恶性竞争的时候也要懂得如何处理。

第三，让孩子在竞争中学会合作。家长要让孩子认识到，现代社会的竞争绝对不是单打独斗，在竞争中协同合作也是非常重要的，只有竞争没有合作只能造成孤立，所以合作与竞争是"好朋友"，密不可分。

心理小课堂

自我意识是对自己身心活动的觉察，即自己对自己的认识，具体包括认识自己的生理状况（如身高、体重、体态等）、心理特征（如兴趣、能力、气质、性格等）以及自己与他人的关系（如自己与周围人们相处的关系，自己在集体中的位置与作用等）。

5. 毅力：决定孩子能飞多高、走多远

爱因斯坦曾说："优秀的性格和钢铁般的意志比智慧和博学更为重要。"青春期的孩子正是意志力形成的关键阶段，他们遇事是否能够坚持不懈，他们的抗击打能力、忍耐力、持久力是否如"钢铁"一般经得起考验，决定了将来他们能飞多高、走多远。

● 毅力对成功具有决定性意义

有毅力的人才更有可能表现得坚强，更大限度地发挥自己的潜能，实现人生理想，成为一个有所作为的人。

约翰·塞巴斯蒂安·巴赫，德国著名的作曲家、管风琴家，是将西欧不同民族的音乐风格浑然融为一体的开山大师。他萃集意大利、法国和德国传统音乐中的精华，曲尽其妙，珠联璧合，对后来将近三百年整个德国音乐文化及至世界音乐文化产生了深远的影响。

巴赫出生在德国中部图林根地区风景优美的爱森纳赫的一座红顶楼房内，他的父亲约翰·阿姆布罗修斯是一位小提琴手，很早就成为宫廷乐师和乐队指挥。巴赫的父亲有意把儿子培养成为自己的接班人，通过几天观察，他感到巴赫不仅对音乐有很强的兴趣，也确实有几分音乐天赋，是块学音乐的材料。同时，他清醒地知道，要成为一个音乐人才，非一日一年之功，在漫长的学习过程中，除了专心，还要有毅力。于是，他对巴赫说："爸爸看到你的条件不错，很有可能成为一个比爸爸还强的音乐家。不过，要取得成功，就要坚持不断地练习，这就要有毅力，要耐得住寂寞，耐得住困难，耐得住失败。孩子，你有这个信心吗？"

巴赫认真地说："爸爸，我知道了。"

父亲这才放心地点了点头。

接着，父亲把巴赫带到房间，教儿子知道什么是弦乐器。他拨了一下小提琴上的弦，告诉儿子："通过弦鸣响的乐器或用弦的乐器，像维奥尔、

小提琴、竖琴、吉他等都是弦乐器。"

巴赫也学着父亲的样子拨了一下小提琴，听到嘭嘭的声音，他问："爸爸，小提琴真好听。它好学吗？"

"好学是好学，但要学成功，就必须坚持不懈地练习，当然还要抓住要领，掌握正确的方法。这些，爸爸都可以教你，关键就要看你是不是有毅力了。"

在父亲的诱导下，巴赫学得很认真，也很吃苦。首先，他练习手法，握弓、顶弦、平行推拉、悬肘、运力等，天天练个不停。时间久了，肩酸了、背痛了、肘也抬不起来，甚至手不断地抖，使不上劲儿。这时，他就停下来，擦一把手上的汗，捏一捏指头。看着手指肚上被弦勒出的一道深沟，他流下了眼泪。但是，一想到爸爸的话，他又接着练习。

开始，他拉出的声音很单调，"吱吱，嘎嘎"地响，令人昏昏入睡。他知道，这是基本功，是绕不过去的。声音不好听，正说明自己的功夫不到。每当他拉得又累又苦时，他都会想起父亲的话："要坚持，有毅力。"正是父亲的话不断地在激励他。

经过一段时间的练习，他渐渐地悟出了门道：拉琴时不能用力过大，得学会控制手中的弦，控制好了，声音才会变得柔和起来，轻重也可以随心所欲。这个从实践中得到的体会，使他有了努力的方向。

由于巴赫的聪明和用功，他很快学会了父亲教的最基本的技巧，能独立照谱演奏了。他的小提琴拉得不错，但他更喜欢中提琴，后来在音乐会的弦乐重奏中，他总是拉中提琴，想必就是这时打下的基础。巴赫的刻苦劲儿，使父亲深受感动，也很欣慰，他认为：照此下去，儿子准行。

弦乐器的基础打好之后，巴赫又开始从堂叔那里学管风琴。从此，他的音乐才华一步一步得到了培育和发挥，终于成为享誉欧洲的大音乐家。

人生之路本就充满荆棘，而如果一个人想取得一点成绩，困难和坎坷也许会更多，这就更需要毅力的支持。李时珍写《本草纲目》花费了27年；达尔文写《物种起源》用了15年；哥白尼写《天体运行论》用了30年；歌德写《浮士德》用了64年；郭沫若翻译《浮士德》用了30年；马克思写《资本论》用了40年……这些中外"巨人"在获得成就的过程中，一定会遇到很多意想不到的困难和挫折，唯有毅力才能使他们克服万难，最终完成了这些伟大的事业。所以，孩子是否能够"闯过去"人生的种种关卡，获得自己的成功，和他的毅力密切相关。

● 增强孩子的毅力

锻炼孩子毅力并不复杂，抓住这几点试一试。

第一，家长自己以身作则。在毅力的养成方面，心理学家指出父母的影响极为重要。一个"三天打鱼、两天晒网""遇见困难掉头就走"的家长，如何能让孩子变成一个有毅力的人呢？家长要做孩子的表率，不需要过多的言语，做给孩子看就好了。家长可以选择一件小事，比如每天散步，每天阅读，每天练字等，孩子每天耳濡目染，自然会有所悟、有所得。

另外，需要家长明白的是，这件事什么时候开始都不算晚，虽然孩子已经是青春期，但是对于孩子漫长的一生来说，一切还尚早，**每一个呼吸都可以是一个新的开始，任何时候开始做都比不做好。**

第二，加强体育锻炼。多让孩子积极参加适宜他们的体育锻炼，不仅可以增强孩子的体质，而且还可以提高孩子的心理能力，也有利于培养孩子的毅力。家长可以和孩子一起每天锻炼30分钟，在孩子坚持不下去、意志消沉的时候，给予孩子帮助、鼓励，让孩子鼓起勇气坚持下去，孩子的意志力会在这个过程中得到锤炼，从而增强毅力。

心理小课堂

毅力也叫意志力，是人们为达到预定的目标而自觉克服困难、努力实现目标的一种意志品质。毅力，是人的一种"心理忍耐力"，是一个人完成学习、工作、事业的"持久力"。当它与人的期望、目标结合起来后，它会发挥巨大的作用。

6.乐观：最为积极的个性因素之一

乐观是一种最为积极的个性因素，乐观的人格特质倾向于把目前的困难解释成暂时的、特定的、别人负部分责任的；相反，悲观的人会认为自己的困难一辈子也逃不掉，是永久的、普遍的、全是自己的原因。据研究发现，悲观的人比乐观的人患抑郁症的概率要高出八倍，寿命也相对较短，人际关系也不好。

卞飞，14岁，因为严重的喉疾，做了喉部手术，嗓子变得很沙哑，常被同学嘲笑。他和爸爸妈妈一起来到诊室，简短地说了自己的情况：

"自从我的嗓子手术以后，声音就变得'破铜锣'一样，一说话同学们都笑我，于是我的情绪变得越来越不好，觉得老天为什么这么不公平，一定要让我的嗓子出问题！"

寥寥几句话，却让笔者看到了他明显低落的情绪以及他悲观的人生底色——认为老天不公，人生不幸。生活在这样状态下的孩子幸福感是很低的。想要帮助他，可以从培养他的乐观心态着手。

心理学家发现乐观是可以培养的，即使孩子天生不具备乐观品质，也可以通过后天的努力来实现。

● 家长要有乐观的思维方式

家长在生活中的乐观态度对孩子具有重要的示范作用，孩子会通过观察和模仿逐渐养成乐观品质。

李·艾柯卡是美国著名的企业家，他的父亲尼古拉·艾柯卡也是一位企业家，最富有的时候，拥有几家电影公司和富兰克林戏院，另外，还有一个包括30多辆车的车队。所以，在李·艾柯卡6岁之前，他们的生活非常安逸温馨。但是，在一场经济危机之后，尼古拉家里几乎丧尽了全部财产。面对这样悲惨的局面，尼古拉和妻子没有悲观失望，也没有把失败的阴影带给孩子。童年的李·艾柯卡一直从父母那里得到了慈爱和温暖，得到了战胜困难的乐观精神和积极迎接生活挑战的处世态度。

父亲虽然仅上过4年学，却是那种能够把理想和现实结合起来的人。他在经商过程中不止一次遇到过挫折，都凭自己的智慧和经验闯过来了。他善于总结自己的人生经验，并把这些经验传授给孩子。在儿子的成长过程中，每当遇到困难时，他都能找到适当的话题，及时给以点拨。比如，如何应对困难，如何结交朋友，如何做好每一件事和如何实现自己的理想等，他都不时地把道理讲给儿子听。

当儿子遇到屈辱和困惑，满腹心思、闷闷不乐时，父亲总是乐观地对他说："孩子，发生了什么事？不要紧，这没有什么，任何困难都将是暂时的。忘掉它，迎接美好的明天吧，相信明天会好起来的。"

"忘掉困难，迎接美好的明天"，这句话一直是艾柯卡的家训。艾柯卡也很相信他们的父亲，每当遇到不如意的事情，就会找父亲谈心。

有一年，小艾柯卡病倒了，得的是风湿热病。这种病在当时是非常可怕的，曾夺去了很多人的生命。小艾柯卡非常害怕死去。在痛苦和绝望中，父亲以开朗的性格和乐观的态度鼓励他。父亲说："每个人都会遇到挫折和不幸，也包括各种各样的疾病。孩子，当人遇到不幸时，首先不要让精神垮掉，而要想方设法同不幸作斗争，并在斗争中获得知识和力量。"在父亲的关怀和母亲的照料下，小艾柯卡在经过6个月煎熬之后，终于战胜了病魔，恢复了健康。

乐观是可以习得的，而孩子最好的习得榜样是父母。家长可以先观察自己在生活中是不是一个乐观的人，是不是把困难都看成暂时的、特定的、别人负部分责任的？乐观的情绪可以"传染"给孩子，让孩子从另一个视角看待自己经历的人和事，这对他们的情绪和心态有很好的正面作用。

● 鼓励孩子多社交，多做公益，多交朋友

据调查研究发现，乐观的人几乎都有亲密的朋友，爱做公益活动，有充实丰富的社交生活，很多人对他们的评价是"人缘好"。如果孩子尽量多地去参与社交生活，多做公益，多结交朋友，他们就更容易建立乐观的心态。所以，家长要支持孩子"走出去"，不要因为社交、公益等事情可能会"耽误时间""麻烦"就不去做，要有意识地培养孩子多种兴趣爱好，让孩子的生活变得丰富多彩起来。

心理小课堂

一位著名的政治家曾经说过："要想征服世界，首先要征服自己的悲观。"人生在世，不如意十之八九，如果孩子能够征服自己的悲观情绪，那么他便有可能征服发生在自己身上的一切困难之事。

7.叛逆：孩子无处宣泄的不满和压力

叛逆心理也就是人们经常说的逆反心理，一般来说，每一个人都有三个逆反期：2～3岁时出现的叛逆行为是人生第一个叛逆期的表现；6～8岁时则来到人生第二个叛逆期；12～18岁时是人生第三个叛逆期，这是大家熟知的"青春叛逆期"。

● 叛逆心理的形成

叛逆心理是怎么形成的呢？从孩子的角度来看，是因为他们发现自己的想法、兴趣和追求与父母不相同时产生的强烈的抵触情绪；从家长的角度看，是教育孩子方式的问题造成的，比如简单粗暴或命令式、专断式的教育方法，以及在生活、学习等方面对孩子期望值过高，要求过严等，都容易让孩子产生叛逆心理。

心心今年15岁，是家中独女，进入心理诊室的时候，让笔者眼前"一亮"：她的头发染得五颜六色，橙黄色的连身裤上别满了各种各样的别针、贴画，刚掐灭的烟头捏在手里，用挑衅的眼神看着我们。

"我们有什么可以帮助你的呢？"我们开口道。

"这孩子不肯去上学！"妈妈回答我们，"小时候还挺好的，越大越难管，我也不怕丢人，跟大夫您都说了吧，她现在是抽烟喝酒交男朋友，一个都不落下，就对学习没兴趣！我们也没想她考什么清华北大，就想着好好把书读完，考个一般的大学，和大家伙儿一样随大流就行了，可是你看看，现在这副样子……"

"你是这样的吗？你是这样的吗？"心心没听完妈妈的话就打断道，"以前你可不是这样的，我有一点做不好就像天塌了一样骂我，上了初中就更是处处限制我，说我和不三不四的人交往，怕我学坏了，让我好好学习……哼，我现在长大了，我爱怎么样就怎么样，你们管不了了，你看，现在我是坏孩子了，你来管我呀，来呀！"

心心的青春期叛逆和父母的教育方式有很大的关系。妈妈的教养方式无形地在孩子心理上造成一种压力，当这种压力不断积蓄、沉淀，孩子又找不到良策排解时，便在情感上对家长所进行的一系列教育、说教、劝说产生抵触，在情绪上不满，进而产生逆反行为。

● 利用同理心疏导孩子的叛逆

如何科学地疏导孩子的叛逆心理呢？父母疏导孩子最重要的技巧就是同理心。同理心，也称同感，是指站在孩子的角度看问题，尽力感受孩子体验到的情感。按照心理学家罗杰斯的看法："感受来访者的私人世界，就好像那是你自己的世界一样，但又绝未失去'好像'这一品质——这就是同理心。"**同理心并不是要求家长有跟叛逆心理孩子一样的叛逆心理或言行，而是要求家长设身处地地考虑孩子所遇到的问题，体会孩子的心理感受。**比如，案例中的心心妈妈如果能够用同理心来对待孩子的问题，那么效果会迥然不同："你这样做，是希望妈妈不限制你，不'管'你对吗？我的限制和管束让你觉得不舒服了？"类似的话可以让孩子发现父母是尊重自己的感受的，并且尝试着在理解自己的行为，有了这种认知，也许孩子的行为就不会再继续叛逆下去了。

青春期的孩子正处于独立意识增强的时期，常需要通过否定权威来获得自我肯定，这个权威就包括父母、老师、社会。但是孩子由于阅历和经验的不足，容易在认识上片面、偏激、固执和极端化，所以他们的言行很容易让他人觉得青春期的叛逆孩子特别不好相处。其实，**叛逆心理的产生就是源自孩子内心的不成熟性和不稳定性，等孩子通过不断的否定和挑战形成了稳定成熟的性格特征，那么叛逆期就过去了。**家长要有意识地利用同理心来疏导孩子的逆反心理，站在理解孩子的角度上，帮助孩子度过叛逆期。

● 利用面质技术启发孩子的思考

面质是一种质疑技术，是指家长对有叛逆心理的孩子的认知方式、思维方式以及情绪体验提出挑战与异议的过程。**面质的目的并不是指出孩子说错了什么和做错了什么，而是把重心放在讨论问题、帮助孩子身上。**比如案例中的心心，家长可以这样面质："奇装异服、抽烟喝酒、辍学谈恋爱……孩子啊，你的人生终究是你自己负责的，如果你的女儿是这样的，你会对她说什么？"父母的疑问也会带起孩子的思索，使孩子学会辩证地看待当前所面临的问题。

面质的意义不在于否定孩子，贬低孩子，教训孩子，而在于启发孩子，激励孩子。通过面质，家长可以一方面设法动摇孩子的不合理信念，一方面启发引导孩子树立理性、现实的信念。

另外，应当注意的是，为了达到"一语惊醒梦中人"的效果，面质的提问方式通常比较夸张，内容尖锐。这就要求父母对孩子是真诚、尊重、信任的，切忌用面质来发泄自己的消极感受。

心理小课堂

逆反心理在《心理学大词典》里的解释为："这是客观环境与主体需要不相符合时产生的一种心理活动，具有强烈的抵触情绪。"逆反心理是人们在待人接物的过程中所持的一种心态，指当个体认知到当前事件、情境的要求与自己的信念、经验、思维习惯等不一致时，所产生的与常理相背离的情绪、行为或行为意象。

8. 逃避：痛苦常见的替代品

有人说，人的一生是遇到问题然后解决问题的过程。细想来是有一定道理的。孩子们在青春期会遇到很多问题，比如学习压力的逐渐增大，亲子关系的日渐紧张，自己和周围同学格格不入……遇到这些问题的时候，有的孩子迎难而上，试图解决问题，他们开始改善学习方法，和父母多沟通，让自己变得更好、更有魅力，但也有一部分孩子选择逃避问题、规避痛苦，于是在门诊中就经常会遇到他们：学习压力太大就不去上学；和父母说两句就吵于是选择沉默、不沟通；同学不理自己就干脆独来独往……心理学大师荣格曾经明确地指出："神经官能症是人生痛苦常见的替代品。"**一旦我们放弃面对问题，选择逃避问题、规避痛苦，那么，痛苦的替代品——各种心理障碍就有了滋生的"沃土"。**

小北手捧着一束花走进诊室，她可爱的脸蛋害羞地低垂着，黄色的雏菊在她手里被小心翼翼地呵护着。她将花放在诊室的桌子上，轻声说："送给你们，谢谢你们，这个星期我重新去上学了！"

小北是10月份来医院就诊的，那时的她让我们记忆犹新：油腻的头发遮挡住了她的眼睛，脸色惨白，身形瘦削，不停地抠自己的手指。聊天的过程十分"安静"，我们问十句她才答一句，她的妈妈陪她一起来就诊，替她说了她的情况：

"这孩子上初一，刚上一个月就不行了，一到学校门口就开始肚子痛，一离开学校，说不去上学就没事儿了。一开始我们以为她撒谎，打着、骂着让她进了校门，可是没过多久老师就打电话说她真的肚子很疼，送到了医务室，让我们给接回去。

后来我们在老家的医院做了检查，大夫说孩子生理上没有任何问题，建议我们来看心理科。"

小北妈妈刚说完这几句，笔者就觉得小北可能有"学校恐怖症"的倾

向，再细问下去，情况就更加明了了：原来，小北的小学是在北京读的，初中回到老家继续学习。刚开学一个月，她感到特别不适应，学习的内容比北京深奥很多，自己原本中上的成绩在老家只能垫底；同学们说话都用方言，自己根本听不懂，融入不到集体里面，每天几乎都是独来独往；学校的老师似乎也看她"不顺眼"，她想和老师谈谈心，可是老师总是觉得她"想太多"……面对这些，小北选择了逃避，她越来越不想上课，觉得只要不去学校，"一切都很好"，她的成绩每况愈下，在教室里尽量躲着同学们走，老师叫她回答问题，她也只是沉默不语。

了解了小北的情况后，笔者为她制定了心理治疗的方案，主要方向就是帮助她去面对自己在遇到的困难，而不是像以前一样逃避。比如，在几个月的心理治疗中，我们教她如何有效地提高学习成绩，告诉她人际交往的技巧，指导她疏导情绪的方法……再配合药物，小北很快就有了转变。

从小北的例子可以看出，环境的突变造成了小北的问题，她选择逃避，那么会得到片刻的解脱——不去学校就不肚子疼，但是问题仍然在，不会自行消失，到头来，痛苦只会以排山倒海的方式让孩子们愈发难以承受。只有去面对问题，尝试着解决问题，孩子才能从困境中走出来，得到真正的成长。

● 人生遇到的问题都是有价值的

我们遇到的问题有什么价值？看似很深奥的问题，但放到生活中来就很容易理解了。比如孩子学走路这件事，"不会走路"就是孩子遇到的一个问题，如果试图去解决这个问题，那么他们就会开始动脑筋、想办法，在不断付出努力的过程中学会应对挫折，激发勇气，最终学会了走路，将来还能学会跑、学会跳，这就是问题的价值！

青春期恐怕是孩子18岁之前"问题"最多的时期。如果孩子尝试着去面对问题、解决问题，让问题发挥出它们应有的价值，那么孩子们的思想和心智就会不断成熟，成功的人生和失败的人生逐渐出现分水岭；如果他们不去面对问题，选择逃避痛苦，那么可能结果就会如同故事中一开始的小北一样。帮助孩子去面对问题，陪孩子一起去承担问题产生的痛苦，教会孩子应对问题，让孩子意识到问题非凡的价值，才是家长应该去做的。

● 面对问题不代表成功解决每一个问题

特别需要澄清的一点是，**面对问题不代表成功解决每一个问题**。比如故事中的小北，我们教会她一些提高学习成绩的方法，但是学习成绩显然不是一两个月就会有大幅度提升的，可是为什么小北的病情会有好转呢？因为她去面对了，去试图解决困难了。人的心理是很微妙的，**在面对问题的过程中，孩子能体会到自己的心理力量，意识到自己的能力和价值，于是孩子就会对自己有好的期待，原本灰色的世界就逐渐变得明亮起来**。所以，成功解决每一个问题不是我们的目标，我们的目标是让孩子勇敢地去面对问题，然后在解决问题的过程中，收获心灵的成长，逐渐变得强大起来。

心理小课堂

神经官能症又称神经症或精神神经症，是一组精神障碍的总称，包括神经衰弱、强迫症、焦虑症、抑郁症、恐怖症、躯体形式障碍等，患者深感痛苦并且该症还妨碍心理功能或社会功能，但没有任何可证实的器质性病理基础。

9. 依赖：孩子自主意识的缺乏

依赖型人格是日常生活中较常见的一种人格，美国《精神障碍的诊断与统计手册》一书中将依赖型人格的特征定义为：

1. 深感自己软弱无助，总是感觉"我真可怜"。当需要自己拿主意时，便感到一筹莫展。
2. 在没有从他人处得到大量的建议和保证之前，不能对日常事务做出决策。
3. 让他人为自己做大多数的重要决定，如在何处生活，该选择什么职业等。
4. 无意识地倾向于以别人的看法来评价自己。
5. 理所当然地认为别人比自己优秀，比自己有吸引力，比自己能干。
6. 缺乏独立性，很难单独展开计划。
7. 过度容忍，为讨好他人甘愿做低下的或自己不愿做的事。
8. 害怕被他人忽视，明知他人的错误也随声附和。
9. 很容易因为没有得到赞许或遭到批评而受到伤害。
10. 经常被遭人遗弃的念头所折磨。
11. 当亲密的关系中止时感到无助或崩溃。
12. 独处时有不适和无助感，或竭尽全力以逃避孤独。

如果孩子日常行为中有符合上述状态中的5项，那么他就很可能患有依赖型人格障碍，如果不满5项，这个孩子有依赖型人格特点。家长要明白的是，**有依赖型人格特点的人不等于依赖型人格障碍**。当家长发现孩子有依赖型人格特点之后，要抓住机会锻炼孩子，让孩子具备自主意识，变得独立和自信起来。

● 依赖的成因

依赖起源于人类发展的早期，每个人最初都是非常"无能"的。人们必须依赖父母全身心地呵护才能长大，所以那时候的依赖是我们生存的保障；随着年龄的慢慢增长，我们对父母的依赖会逐渐内化，变成对自己决策的依赖，自主意识也就开始逐渐发展壮大。在这个转化中，很多孩子由于各种内因、外因，并没有及时完成这一转化，问题就出现了。生活中这种例子屡见不鲜：

有一对夫妇晚年得子，十分高兴，把儿子视为掌上明珠，捧在手上怕飞，含在口里怕化，什么事都不让他干，儿子长大以后连基本的生活也不能自理。一天，夫妇要出远门，怕儿子饿死，于是想了一个办法，烙了一张大饼，套在儿子的颈上，告诉他想吃时就咬一口。等他们回到家里时，儿子已经饿死了。原来他只知道吃颈前面的饼，不知道把后面的饼转过来吃。

这个故事很夸张，可是反映出的现实问题确实值得人深思。现在我们的孩子对家长的依赖情况如何呢？据天津市少工委对1500名中小学生的调查，其中51.9%的学生长期由家长整理生活用品和学习用具；有74.4%的学生在生活和学习上离开父母就束手无策；只有13.4%的学生偶尔做些简单家务。这种依赖父母的习惯很可能就会影响孩子的人格发展，缺乏独立自主意识的孩子们一旦离开家长走向社会就会"栽跟头"，甚至寸步难行、困难重重。

● 改变孩子从强化自主意识开始

对于依赖性比较强的孩子，要抓住一点来锻炼他们——强化孩子的自主意识。

青春期的孩子已经不小了，他们有很多事情都可以自己完成。家长首先要做的事情就是和孩子一起观察，看看在他们的一天当中都做了哪些事，这些事情哪些是自己完成的，哪些事依赖他人完成的，并且把它们都记录下来。

其次，对记录下来的事情进行分类，把所有事情分为自主意识较强的事件（如每天穿什么，带什么书，作业怎么安排等），自主意识中等的事件（如和家人协商节假日去哪里玩），自主意识较弱的事件（如被他人批评之类的事情）。

最后，重点就是针对每一类事件锻炼孩子相应的自主意识。①在自主意识较强的事件中，孩子可以完全按照自己的想法去行事，如果孩子问父母"今天穿什么，吃什么"，父母可以不对这些日常事务做出决策，告诉孩子自己决定就好。这样做孩子会从"希望得到他人的大量建议和保证"的状态逐渐转化成"自己做大多数决定"的状态；②在自主意识中等的事件中，最主要的是改变孩子一些"过度容忍""讨好他人""委曲求全"的依赖型人格特点，让孩子学会适当发表自己的观点，使孩子的自主意识进一步发展起来；③在自主意识较弱的事件中，能看到孩子一些无意识的反应，比如倾向于用他人的看法来评价自己，遇事容易无助、崩溃等，这种时候我们最需要做的是帮助孩子去面对，让孩子看到自己的能力，给孩子安全感的同时，告诉他小树已经成为大树，已经具备能力去经历一些风雨，不会有"灾难"发生。

心理小课堂

依赖型人格障碍的患者不能对日常生活中的事情独自做决定，需要被人反复指导和做保证；有时他们甚至听任别人为他们选择职业、住所、朋友或做出重大决定。这种过分依赖导致他们难以独自开始做一件事；他们竭力避免独处，如不得已独处时也感到不舒服、孤独和无助；他们一心害怕被别人抛弃，当亲密关系终结时，感到异乎寻常地绝望；由于将自己依附于他人，这类患者也容易因他人的批评和冷落而受到伤害；有时他们明知道别人是错误的，也要迎合别人的意思；为讨别人的喜欢，他们情愿做不令人愉快或降低自己身份的事情。这种情形导致他们的社会关系局限于他们依赖的少数人，对自己和他人都是一种"折磨和束缚"。

10. 得过且过：问题不会自行消失

"得过且过"意思是只要能够过得去，就这样过下去，没有长远打算，敷衍了事，不负责任。有些青春期的孩子没有明显的心理障碍，可是面对问题时缺乏解决问题的主动性，一厢情愿地等待问题自动消失，这种心态会成为妨碍心灵成长的巨大障碍。

小方学习成绩属于中上等，在学校的一次中考模拟考试中，邻座的同学向小方要答案，小方扭扭捏捏，但架不住邻座一再的眼神示意，便给邻座传了纸条，正巧被流动监考的老师逮个正着。监考老师认识小方，知道他一直是比较规矩的，于是网开一面，把他们俩的试卷没收了，并没有按作弊处罚。

事情发生后，小方最理智的做法应该是主动向班主任、家长坦白此事，争取谅解。可是他却做起了鸵鸟，寄希望于监考老师不那么"碎嘴"，同考场的同学不去"告状"。

可是纸包不住火，考场作弊是一件大事，虽然没有当作弊论处，但是影响也是不好的。班主任很快知道了此事，并且找到小方谈话，看到小方认错态度较好就没有再多为难。

回家路上，小方想过要不要和父母说这件事，但是一想到要面对父母的失望和怒气就打起了退堂鼓，心里那一丝丝希望升起了——也许老师不和家长说呢？这件事不就能瞒天过海了吗？

老师确实没有和小方的家长说，可是小方的同班同学却在一次串门的时候同小方的爸爸妈妈说起了这件事。爸爸妈妈惊讶极了，那个晚上爸爸妈妈都没有睡好觉。他们觉得小方的"胆子太大了"，考试作弊不说，居然回到家还跟个没事儿人一样照旧吃吃喝喝，不对他们坦白，他们觉得儿子太难以理解了。

　　孩子在成长的过程中会遇到各种各样的问题。直面问题会让人觉得痛苦，但是问题绝对不会自行消失，若不解决，就会永远存在。比如案例中的小方，如果一直用"鸵鸟"的心态去处理自己遇到的问题，那么一定会阻碍他的心智成熟。长此以往，孩子在他人眼中会是一个"不负责任""没有担当""不被信任"的人。

● "问题"不可怕，主动解决问题才最重要

　　人们都有这样的体验：问题降临，必将带来程度不同的痛苦体验。尽量早地面对问题，主动解决才有可能把痛苦体验降到最少。而"鸵鸟"心态只会得到短时间的安逸，也许在将来要承受更大的痛苦。比如，一个项目组中，某一个员工在数据中写错了一个小数点，发现后若他立马改正，也许会遭受领导的批评。但也仅此而已，对他来说没有更大的不良影响了。但是，

假如他得过且过，抱着侥幸心理希望不被发现，一拖再拖，那么可能有别的同事在他的数据基础上进行进一步的计算，得出更多的错误结果。而这些错误结果被拿到另一个项目组继续跟进……到头来发现错误源自这一个小数点时，已经耗费了巨大的人力和财力，这个局面就会变得难以收拾。而同样的，犯这个错误的人也会得到更大的惩罚，承受比原来的"批评"更大的痛苦体验。

所以，"得过且过"看似是个性中一个不痛不痒的小瑕疵，但是它却是一个大隐患。家长在教育孩子的过程中，要让孩子意识到，"问题"不可怕，"得过且过"是一种低级的应对态度，是后患无穷的，而主动面对问题、解决问题才是正道。

● 让孩子分清"得过且过"和"走一步看一步"

有时候孩子会质疑，"得过且过"和"走一步看一步"不是差不多吗？其实两者是有本质区别的。前者是逃避责任，不想承担后果，后者是不知道结果是什么，一边思量一边继续前进。两者有本质区别，一定要让孩子搞清楚、弄明白，前者是个性中的"大隐患"，后者是生活中的"大智慧"。

心理小课堂

心理障碍是指一个人由于生理、心理或社会原因而导致的各种异常心理过程、异常人格特征和异常行为方式，患有心理障碍的人会表现出没有能力按照社会认可的适宜的方式行动，导致最终行为后果对本人和社会都是不适宜的。

11. 逃避责任：这不是我的错

在心理门诊，笔者经常会遇到逃避责任的孩子。

萧萧今年上初一，游戏成瘾，问题挺严重，父母如果强势逼迫他放下游戏，他就以自杀为威胁，弄得父母不知道如何是好。

来到门诊，当我们询问他游戏成瘾程度时，他一口否定了自己"游戏成瘾"，还认为玩游戏不是他个人问题。他说："我爸妈这几年都不管我，各忙各的工作，我在家写完作业，不玩游戏还能干什么？"

我问他："你有其他的兴趣爱好吗？比如男孩子一般都喜欢的打球、航模之类的？"

"我喜欢打篮球。"他思考了一下说。

"既然如此，用打篮球来替代打游戏可以吗？"我试着询问。

"一个人打球可没意思，找朋友打又不可能，我没什么朋友，就有几个朋友，但他们也都爱打游戏，不爱打篮球。"他歪着头，状似无奈地说。

"那么去篮球俱乐部？或者有没有社区篮球队之类的？"我给他出主意道。

"篮球俱乐部不了解，社区都是大爷大妈，谁爱跟他们打！"他一脸嫌弃地说。

"那还有什么办法让你走出去打篮球而不玩游戏呢？"我问。

"要是有，我不是就不用来这里了？你是大夫你也没招儿？"他一脸挑衅看着我。

是的，对这样的孩子心理咨询师也没招儿。因为如果一味地这么绕下去，他会见招拆招，我们给的所有建议都会被他否定，被他认为不可行。所以，问题的关键不在于我们给的"招儿"好不好，问题的关键在于孩子根本不承认问题出在自己身上，总认为是外界阻止了他去做某些事，责任不在自己，在于外界。

● 责任感的缺失与人格失调有关

神经官能症或是患有人格失调，无论是哪种，都源自责任感出现问题。区别是，神经官能症的人多数是"自我揽责"，一些不是他的错他也认为他需要负责任，大多数时候是"自己"痛苦；而人格失调的人则恰恰相反，他们经常挂在嘴边的是"这不可能""我做不到",大多数时候是让"别人"痛苦。当然也有两者共病的,进行心理治疗就会相对复杂一些。

其实,生活中每个人都有不同程度的神经官能症和人格失调。比如早晨起晚了,人们就会着急忙慌地刷牙洗脸,有时候甚至早饭都省略了,就怕赶不及上班。这时候,人们的焦虑值一定是高的,"神经官能症"就冒出来了;而在和男(女)朋友分手时,人们往往又会自我解脱地想,这不是我的错,我没有哪里做得不好,是他(她)没有眼光,没有福气,是他(她)的父母太强势,非要拆散我们,这时候"人格失调"就冒出来了。

所以大多数人不需要找心理医生,是因为偶尔的神经官能症和人格失调情况都是"暂时"的,不会一直焦虑,也不会一直把责任归咎在外界,而那些"得病"的人则不是这样。所以,我们自己要学会正确评估自己的责任,这是心理健康的基础,也要教会孩子评估自己的责任,不要逃避。

● 和孩子一起画"责任饼状图"

要想让孩子学会负责,可以和他一起画"责任饼状图"。比如上面的案例里的萧萧,可以先画一个圆形,然后罗列出讨论得到的各种不能放弃玩游戏去打篮球的原因,再让孩子分配百分比,最后按照不同的比例在圆形上进行"切割"。饼状图可以很明确地让孩子看到,"外界"的原因自然是有,"自身"的原因也不可以视而不见。

心理小课堂

人格是指一个人在各种处境的恒常的行为反应,而一个人的人格之所以被诊断为失调,是因为他(她)具有明显地与当事人的文化有所偏差,而又不可改变的持久个人经验和行为,在青春期或成年早期开始出现,长期地没有改变,并导致当事人因之而产生困扰和损害。

第五章

重视孩子的情绪变化，平稳度过青春期

1. 请对抑郁的孩子多一些慈悲心

这是一个来访者叙说的自己的故事：

我是一名初三学生，以前算是学校的优等生吧，父母都是在读学校的老师，所有人都认为我能考上重点高中，给我父母和学校争光，我也一直这么督促我自己。

数学是我的薄弱项，初二暑假我就开始花大量的时间补习数学，白天上补习班，晚上回家"刷题"，经常会通宵。我坚信，只要功夫深，铁杵磨成针，我不浪费一丁点儿时间，一定能有效果。

一天晚上，我照例做数学题，可是突然发现卷子上没有字——或者说，是我一个字都看不见了，卷子是白纸一张！我吓坏了，赶紧往后翻，发现每一张都是白纸。这些卷子我每天都做，要说一两张有印刷失误有可能，可是张张都没有字……我害怕极了，大声叫爸妈，他们带我去了医院。

眼科医生检查了我的眼睛，说生理上没有问题，让我去心理科看看。心理科的大夫倒是很耐心，说我这样可能是精神压力大导致的视力问题，给我开了抗抑郁药物。我回到家以后再看数学卷子，也发现能看见了。这件事情让我觉得很恐惧，我想和爸爸妈妈聊聊，可是他们总是很忙，爸爸忙着评职称，妈妈忙着公开课……他们说我太"矫情"了，让我按时吃药，自己控制下压力。我当然想控制自己的精神压力，但我发现这根本就是徒劳，我"无从下手"，就如同我不能控制自己的心脏，让它停止跳动一样。

从那以后，每次数学考试我不仅要担心自己能不能考好，我还要担心自己会不会又突然看不见……虽然，在后来的一年我都没有出现"失明"的情况，但是我的数学成绩每况愈下，我觉得老师和同学都对我"另眼相看"了。而到了数学中考那天，我的噩梦来了。

那天下着小雨，天空中还有阵阵闷雷，爸爸妈妈很早就起床了，给我做好了早餐，对我郑重其事地说："成败在此一举，别让我们丢脸。"

我不知道自己是怎么吃完早饭的，去学校的路上，我抬头看着阴霾的天空，内心就有个声音对自己说："今天可能会不顺利。"

数学卷子发下来了，第一卷是基础题，我做得还算顺利，可等我翻到第二卷，可怕的事情再次发生了——我又看不见了！这简直是灭顶之灾，我连"蒙题"的机会都没有！当时我记得自己好像冷笑了一下，一种"早知道如此"的无奈的笑，绝望的笑，似乎整个世界都抛弃了我，其他考生都不在了，只有我自己，还有那张空白的卷子……轰隆隆的雷声中，那张卷子在冲着我嘲讽地笑……

我不知道自己怎么交的卷，怎么离开的考场，等我"回到"这个世界的时候，我发现自己躺在医院。睁开第一眼，就看到了我的父亲，他什么都没有说，抬手就给了我一巴掌："没用的东西，要你这个废物有什么用！"打完转身走出了病房。

我眼泪无声地掉，妈妈赶紧解释说："你爸爸是气坏了！数学交完卷你就在考场门外晕倒了，交的几乎是白卷，下午的考试也错过了……事情传开后，其他老师背地里冷嘲热讽，说你心理太脆弱，就算顺利考完了，长大了也不会有出息……你知道你爸爸最要强，别人这么说，他实在是没面子……"

我几乎可以想到那些老师冷嘲热讽的嘴脸，还有同学幸灾乐祸的表情，还有父母的失望与愤怒，我无法面对他们，也不想面对他们，于是，我做了一个"大决定"。当天晚上，我割脉了……

这个孩子来到诊室，我们清晰地看到了她手上的疤痕，这是一个多么年轻的生命啊，却已经承受了如此大的压力，不堪重负之后患上了抑郁这种疾病。

抑郁是一种全身整体的疾病，它会影响身体、情感、思想和行为。比如主人公突然间的"失明"，家长如果没有一定的心理学知识，很难理解好好的孩子怎么就得病了，于是开始责备孩子软弱，有性格缺陷等。脾气不好的家长甚至会"棍棒交加"打孩子。而很多孩子也会自我责备，自我苛求，压力越来越大,从而导致抑郁越来越严重,进入恶性循环。

依据美国一项研究,大约6.7%的美国人,在一生中会经历一次重度的抑郁,而如果把轻度抑郁算上去的话,这个比例会超过25%。在6.7%的人当中,有15%会用自杀的方式结束自己的生命。所以,**抑郁是绝对需要引起人们的重视的,它十分危险,而且普遍**。虽然这是美国的数据,但在中国,有抑郁状态的青春期孩子不在少数。在我们身边有很多人,尤其是很多青春期孩子正值生理心理发展的关键期,学业压力大,极易遭遇抑郁的困扰。当然,也许很多孩子不像上述个案中的主人公那么严重会自杀。但当孩子开始变得情绪低落,不愿意出门,学习成绩不稳定,又出现各种身心症状的时候,那么家长需要关注孩子的情绪,判断孩子是否抑郁了。

家长不是医生,不会做专业的诊断和治疗,但是家长能与孩子共情,对孩子保持一颗慈悲的心,耐心倾听孩子的痛苦,留意孩子的情绪,必要时带孩子及时就医。那么,如何怀着慈悲的心,与孩子共情呢?

● 尽可能找时间立即倾听孩子说话

不论孩子遇到的问题是大是小,家长都要尽可能找时间立即去倾听他所说的话,而不是等你有了空闲时间再说。与孩子说话,实际上是为家长提供了一次了解和教导孩子的机会。立即倾听孩子说话,有助于赢得孩子的信任,这样孩子才愿意把所有的事都告诉父母。而对父母而言,了解孩子头脑里想的是什么也很重要。因此,当孩子想要与父母谈话时,父母要尽可能地立即与他交谈,这样孩子就不会失望,他可以感受到自己对父母是多么重要,就会把更多的心里话告诉父母。

● 无论任何事情,都不要"棍棒交加"

从心理学的角度来说,一个孩子的成长会经过很多关键期,比如婴儿期、幼儿期、学龄初期等,每个时期都有它特定的心理发展内容。对于青春期的孩子来说，他们迈入了自我意识发展的时期，这时候"打"已经没用了，棍棒交加可能会让孩子心灰意冷、消极对抗（重者自残自杀），或者学会用同样的方式对家长恶言恶语、拳脚相向，对解决问题没有任何帮助。

● 多关注孩子的感受和想法

心理学认为抑郁类似于一种压力阀限的心理疾病——遗传和生物化学因素可能决定了每个人可以承受的不同的压力水平，这就解释了"为什么别人没事，我的孩子却抑郁了"。**每个人能够承受的压力不同，压力一旦达到一定程度，就会把人们推向抑郁症的边缘。** 童年创伤、学习压力、各种丧失则追赶着我们，使我们更靠近那个边缘。

如何让孩子尽量远离那个边缘？请多多关注孩子的感受和想法。比如，当孩子发生了和案例中一样的情况，家长可以尝试着把成绩放一边，重点问问孩子的感受和想法，为什么发生这样的情况，他的情绪如何，他准备怎么应对等。家长的这些关注有助于孩子释放负面情绪，有时候尽管问题没有解决，但是家长的倾听就能让孩子的心理压力减轻很多。在这个过程中家长要注意，不要急于发表自己的观点，更不要用强迫、指责的方式对待孩子，这很容易伤害孩子的自尊心，造成亲子关系间的隔阂与对立。归根到底一句话：**快乐孩子的快乐，痛苦孩子的痛苦。**

心理小课堂

抑郁症是一种常见的精神疾病，主要表现为情绪低落，兴趣减低，悲观，思维迟缓，缺乏主动性，自责自罪，饮食、睡眠差，担心自己患有各种疾病，感到全身多处不适，严重者可出现自杀念头和行为。

2.让孩子学会与焦虑"和平相处"

有经验的心理医生或者心理咨询师都清楚：**焦虑是对抗不了的，人们要做的是与焦虑"和平相处"，而不是跟它对抗。**为什么说焦虑是对抗不了的呢？因为大脑很特别，越是"不让它做什么，它越是会做什么"，比如现在，让一个人不要想"粉红色的大象"，他一定做不到，反而想的次数会越来越多。焦虑就是这头"粉红色的大象"，如果刻意去抗拒，反而会无限放大。

晓桐来到诊室时很憔悴，大大的黑眼圈挂在她蜡黄的脸上，整个人很没精神，一点儿也没有花季少女的青春活力。

"这孩子就是想得太多，比如，明天英语课老师要求背诵英语段落，她就会整晚睡不着觉，不停地背，一直想自己哪里可能背错了，如果背错了被同学嘲笑了怎么办，自己被嘲笑的丑事还会被同学们传到其他班级去……我说她就是思考得太多，只会把自己累坏，让她别想了，可是她就是控制不住！"

"你是这样的吗？"我们问晓桐。

"是的，我告诉自己不要想、不要想，可是控制不住去想，去担心，所以经常整晚整晚地睡不好觉，上课就犯困，注意力、记忆力都开始下降，学习成绩也每况愈下。"晓彤苦恼地说。

晓桐这样焦虑的青春期孩子并不少见。青春期也是学习的关键期，压力倍增导致焦虑倍

增，很多同学缺乏应对焦虑的经验和科学的方法，所以非常容易掉进焦虑的"泥沼"。

● 分清正常焦虑和病理性焦虑

正常人也会有焦虑，比如考试、演讲、体育比赛等时候，我们很多人都会心里没底、忐忑不安。适度的焦虑还有可能成为强大的动力，让我们发挥得更好。只有当焦虑妨碍人们去解决问题、应对生活的时候，它才是病理性的。比如上述案例中的晓桐，过度的焦虑让她经常彻夜不眠，注意力、记忆力、学习成绩都有所下降，这时候就要考虑是否是病理性焦虑了。

● 从认知角度帮助孩子进行调整

孩子的认知过程（也就是通俗上说的"思维"），在焦虑症状的形成中起着极其重要的作用。比如案例中的晓桐，她会由"背不出英语段落"联想到"同学的嘲笑"，由"同学的嘲笑"联想到"传播给更多的人"，这就是典型的"灾难化"的认知歪曲。在一步步"灾难化"的过程中，焦虑不断升级，导致她"彻夜难眠"。这时候家长要及时引导孩子说出他的"灾难化"过程，让他们自己来分析发生"灾难"的可能性，从认知角度帮助孩子进行调整，必要时求助心理咨询师，而不要只干巴巴地让孩子"别想了"。

心理小课堂

焦虑障碍是以发作性或持续性情绪焦虑和紧张为主要临床症状的神经症，常伴有头昏、头晕、胸闷、心悸等明显的躯体症状，其紧张或惊恐的程度与现实情况不符。

3. 了解嫉妒，化解嫉妒

罗素说："嫉妒，可以说是人类最普遍的、最根深蒂固的一种情感。"在青春期孩子的情绪问题中，尤其要关注孩子的嫉妒情绪，因为它非常普遍，并且拥有嫉妒情绪的孩子通常认为这是不光彩的，所以会隐藏起来，转入潜意识之中。一部分孩子可以把它内化为中性的情绪，对自己不会造成不良的影响，但也有另一部分孩子会出于嫉妒，伤人伤己，给自己的生活造成负面影响。

小华已经好几天不上学了，百般劝说都无用，妈妈很担心，便带她来到诊室求助。

小华今年初一，长得很漂亮，一开学就被评为了"班花"，她成绩也很好，平时和老师、同学都处得不错。开学后不久，转过来了一个新生小钟，小钟比小华更漂亮，很像一个电影明星，据小道消息，她是某当红电影明星的外甥女，这下可好了，不光"班花"这个称号易主了，小钟还自带明星光环，一下子把小华给比了下去。

小钟快过生日了，她邀请了一部分班级里的同学去参加，其中包括小华。除了小华外，其他受邀的同学都一副欣喜若狂的模样，小华心里的嫉妒情绪爆发了，她计划着给小钟的生日添添堵！

她给小钟准备了一份生日礼物——精美的盒子里面装了一个过时很久、已经没人想要玩的破娃娃。小华想得很天真，到时候大家都会送礼物，礼物上又不写名字，小钟过后拆礼物发现了也无从查证是谁送的。

可是事与愿违，小钟在生日当天一一拆开了大家的礼物，拆到那个装着破娃娃的礼物时，大家明显愣住了，各自撇清责任，指出自己的礼物，小华就暴露了。当时小华真想有个地洞钻进去。

从那以后，小华就拒绝去上学了。

笔者和小华谈话的过程不是很顺利,多次咨询之后小华才把上述事情的始末向我们和盘托出。因为向他人,尤其是陌生人承认自己"卑劣"的情绪是需要勇气的。

嫉妒基于内心的竞争,家长如何帮助孩子处理好这种情绪呢?

● 嫉妒的产生

家长要让孩子认识到,嫉妒人人都有,不要觉得自己有了嫉妒的情绪是一件羞耻的事情,因为它太普遍了。**只要生活在有人的社会环境中,就会有内心的竞争感,从而导致人们产生嫉妒。**有两种情况我们不会产生嫉妒,一种是我们远远比不上那个人,一种是那人远远比不上我们。但大多数时候我们是处于人群的中游的,所以嫉妒仍然是普遍的。那么为什么有的人处在中游却不嫉妒他人呢?原因可能是他隐藏得好,我们认为他没有嫉妒,其实他有；另一种原因可能是他懂得人生的限度，类似于"得道高僧"，看破了一切，所以嫉妒这种情绪在他心里不会产生。

● 嫉妒是中性的

嫉妒是一种普遍的情绪，同时它又是中性的，这就是为什么几乎人人都有嫉妒心，却不是人人都因为嫉妒干出不好事情的原因。那么嫉妒是如何发酵，一步步诱导人产生不好的想法、做不好的事情的呢？

当一个人出现了，我们嫉妒他，他身上一定有我们想要的东西，于是人产生了嫉妒的情绪。比如上面案例小钟的美貌和明星光环就是小华想要的，如果这样东西我们经过努力仍然很难得到，那么这种嫉妒情绪就会翻倍，可能是十倍，可能更多；当我们不可得而别人得到了的时候，嫉妒情绪就会成百倍的滋生。案例中小钟的美貌和明星光环是小华可望而不可即的，看着得到"一切"的小钟，小华的嫉妒情绪可能成百倍地增加，于是小华想出了那个不好的主意并实施了。

当孩子明确地知道"嫉妒"这种中性情绪是如何在他们的心理变成负性情绪的时候，他们就更能科学、客观地应对这种情绪了。

● 化解嫉妒情绪

如何化解孩子的嫉妒情绪呢？生活中不可能让孩子去做"得道高僧"，这是不切实际的。在让孩子明白嫉妒的产生和性质之后，下面的方法可以供家长参考。

第一，培养孩子精神上的满足感。嫉妒的产生和性质告诉人们，有的东西别人有，我们没有，所以我们会有嫉妒。与此同时，我们还要看到，有些东西是我们有而别人没有的。比如在我们嫉妒别人的美貌时，别人可能在嫉妒我们的身高；我们在嫉妒别人的学习成绩时，别人可能在嫉妒我们的良好人际关系……孩子应该充分地认识自己的优势，培养自己精神上的满足感。

当"嫉妒"出现的时候，一个精神上自给自足的人是不会轻易掉入情绪的"泥沼"的。

第二，把中性的嫉妒情绪变成正性。既然嫉妒是中性的，那么它就有可能变成负性和正性。知道了如何把它转化为正性，自然也就减少了它变成负性的可能。如何做到这一点呢？家长和孩子一起寻找"不可能"变成"可能"的途径就好了。

嫉妒之所以会发酵成负面的情绪，有一点很关键，就是孩子认为自己经过努力也很难得到他人有的东西，家长只要抓住这一点就好。比如案例中的小华，认为自己就算很努力也做不到小钟那样漂亮，并拥有明星光环。看似这个观点无懈可击，但仍然有可以做工作的地方。比如，"漂亮不漂亮"这个评判标准是富有弹性的，一个班同学的标准不代表所有人的标准，并且孩子长大后容貌会改变，小钟的美不是永久的，小华的不美同样也不是永久的，况且将来也可以经过化妆、造型等技术来衬托，这么看来这一点就并不是"努力"不得的；另外，明星光环这一点上，我们当然不可能想要有个明星亲戚就可以有，但是明星的定义可以不用那么狭隘，难道只有电影明星是明星吗？孩子完全可以做校内的公益明星、社区的爱心大使之类的，明星光环也不是"努力"不得的。当孩子为此开始"努力"的时候，嫉妒就由中性转向正性了。

心理小课堂

伯特兰·阿瑟·威廉·罗素（1872—1970年），英国哲学家、数学家、逻辑学家、历史学家、文学家，分析哲学的主要创始人，世界和平运动的倡导者和组织者。主要作品有《西方哲学史》《哲学问题》《心的分析》《物的分析》等。

4.虚荣和攀比源自爱的缺失

认知心理学认为，**人所有的问题都源自两个原因：爱和能力**。虚荣和攀比非常适合用"缺乏爱"来解释。

小隋和妈妈一起来到诊室，他高一，家境很好，身上的行头无一不是名牌。他进入诊室我们就能感受到他身上"金光灿灿"，各个知名大品牌就不一一陈述。据小隋说，他从小学五六年级开始就这样，非名牌不穿，而且越穿越贵，班级里基本上他就是"标杆"，很少有人能和他比。

"那你来找我们有什么苦恼呢？"我们看着他说。

他低下头，摸了摸自己定制的名牌手表，说："我总是开心不起来。我知道我很虚荣，以前不穿名牌的时候，我就和那些穿名牌的攀比，买的东西一样比一样昂贵，直到他们都赶不上我。在收到别人的羡慕眼光后，我会有一瞬间的满足，可是接下来就是无尽的低落、低落……所有人都不理解我，我可以不费吹灰之力得到他们想要的一切，我还有什么不开心的，可是事实是，我就是开心不起来。"

"你家境不错?"我们试探着问。

"嗯,爸爸妈妈很忙,不过也很有成就。"小隋说。

"他们和你的关系怎么样?"

"就那样吧,一般般,他们不怎么管我,我也不用他们管。"小隋不太在意地说。

"小时候也不用他们管?"我们疑问道。

"嗯,家里全是保姆,不用他们。"小隋轻描淡写地说。

笔者在诊室遇到来咨询怎么控制孩子虚荣心、攀比心的家长时,首先我们会询问他们小时候和孩子相处的模式。大多数时候他们都不怎么管孩子,直到他们觉得孩子有问题了,才开始各种着急。小隋的爸爸妈妈也是如此。孩子之所以会有虚荣心和攀比心,是因为他们寄托了很多"爱的渴求"在物质上,为什么他们会有爱的渴求?因为他们缺乏爱,而一个孩子为什么会缺乏爱呢?答案当然在父母身上。

● 满足了孩子对爱的渴求,虚荣和攀比就不会出现

孩子是通过载体来感受爱的。 比如小时候妈妈抱了别人家的小孩,自己的宝宝往往会不高兴,因为他认为抱他才是爱他。在孩子最需要拥抱和陪伴的时候,如果家长没有做好,那么孩子就会缺爱。缺爱的孩子就一定会去寻找另外的爱的载体,比如要求妈妈给他买最好的衣服、最好的洋娃娃,虚荣和攀比就会滋生。

青春期的孩子不再是童年时期的孩童,他们对爱的渴求与孩童也不一样。而到了青春期,家长即使想陪伴孩子,恐怕孩子也不愿意了,因为他们早就习惯了一个缺爱的教养环境,习惯了用虚荣和攀比来填补爱的缺失。那么如何在孩子青春期的时候满足孩子的爱,逐渐降低孩子的虚荣和攀比之心呢?家长可以参考下面的方法。

● 青春期孩子虚荣和攀比的应对策略

第一,不宜对孩子说教。很多家长会对孩子长篇大论进行说教,这对于青春期的孩子而言效果是不大的。家长需要做的是,让孩子理解和明白,无论他穿什么、吃什么、做什么,他都是自己的孩子,自己都支持他,爱他。家不是讲大道理的地方,家是讲感情的地方。当孩子拥有父母无条件的爱的时候,他对这些物质的载体不需要说教也能够降低欲望。家长要"管住"自己的嘴巴,不要一时控制不了情绪。

第二,让孩子了解家长是如何获得金钱的。孩子的虚荣和攀比之心要得到满足,必然会需要家长金钱上的支持。所以让孩子看看自己是如何兢兢业业工作的,会给孩子心灵上带来冲击。所谓"耳听为虚,眼见为实",孩子从理性上是知道家长赚钱是辛苦的,但是他们缺乏感性的冲击,"眼见"才为"实"。家长可以创造机会带着孩子一起上班,让孩子看看自己的工作状态,看看自己的左右为难,看看自己的殚精竭虑……相信孩子会有收获,有改变。但要提醒家长的是,这一切都不要用"让你看看我多累,你就知道挣钱不易"的态度来处理,家长需要本着让孩子理解自己的态度来处理,否则孩子容易产生对抗情绪。

第三,有条件的话求助于心理咨询师。爱的缺失在导致攀比和虚荣之后,攀比和虚荣又可能像开头案例中一样导致孩子抑郁、焦虑等不良的心理状态,这时候如果有专业人士的指导会更好。

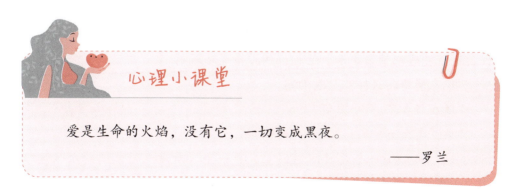

心理小课堂

爱是生命的火焰,没有它,一切变成黑夜。

——罗兰

5.失败后，鼓励孩子继续坚持

孩子遭遇失败后，一定会出现消极的情绪，比如抑郁、焦虑、气愤等。这些情绪的出现是合理的，但它们的存在对孩子的意义是正面还是负面的，这要看孩子的想法和选择了。

小夏很斯文，带个黑框眼镜，瘦瘦高高。他今年初二，诊断为抑郁症，已经治疗了一段时间，这次来到诊室进行每周一次的心理治疗时，说起了这周刚发生的事情。

学校近期要与其他学校进行一场辩论赛，有四个辩手的名额，小夏非常希望自己被选中。在前期的准备中，他很努力，找朋友做练习，反复修改自己的稿子，可以说做到了全力以赴。初选小夏顺利通过，但是在这周最终决选的时候，小夏与前四名失之交臂。

小夏十分失望，他说："我就是一个彻头彻尾的失败者！我那么努力地做准备却还是输了，我的口才、能力都那么差劲，我想做的事情从来没有一件会顺顺利利，每个人一定都认为我很笨，我还异想天开想代表学校参加辩论赛，朋友们一定在背后笑话我！"

小夏回到家里后拒绝和父母交谈，把自己关在房间里，妈妈叫了好几次他才出门吃晚饭，吃饭时对食物非常挑剔，满脸不高兴，爸爸请他打球，同学找他骑自行车他都拒绝了。

小夏的情绪持续了好几天，他对学校、家庭和朋友都不感兴趣，没有任何事情能给他带来欢乐，他抑郁的心情无法纾解。

"现在情绪怎么样？"我们问。

"现在好多了。"小夏说。

"哦？怎么好转的？"我们继续提问。

"这个嘛……一个是时间原因吧，再一个我看看其他落选的人跟没事儿人一样，就想着自己是不是反应过度了。"

"不沉浸在自己的情绪里,去看看别人,这一点你做得很好。"我们说,"下一次比赛你还参加吗?"

"这个,我考虑一下。"小夏犹豫地说。

"很好,至少你没有一口拒绝。"我们点头肯定他。

孩子的世界不可能一帆风顺,甚至屡屡受挫是常有之事,在遭遇失败的时候,家长要做好孩子的"导航员",别让孩子在错误的方向越跑越远。

● 让孩子了解失败正面与负面的意义

每一件事情都有正反两面,失败也是。失败的正面意义在于,能让孩子发现自己的不足,激励自己采取行动改变自己,也让孩子更了解自己的能力、情绪，帮助孩子更深刻地认识自己；而它的负面意义在于会产生负面情绪，它是情绪类疾病的"导火索"。

● 失败后，鼓励孩子继续坚持

在孩子遭遇失败的时候，如果他选择完全放弃，比如案例中的小夏，选择下次再也不参加辩论竞选了，那么他不仅永远也不会在辩论中"出头"，还容易陷入抑郁、焦虑等情绪障碍的泥沼；如果他选择再试一次，或者至少考虑一下要不要再试一次，那么失败带来的抑郁、悲伤、不安、忧虑、气愤就会"刺激"他的行动，让他对自己的生活更有掌控感——有了失败仍然可以继续生活、奋斗，甚至有可能走完全程。

几百年前，苏格兰有个国王叫罗伯特·布鲁斯。他既是一个聪明的国王，又是一个勇敢的战士。在外敌入侵苏格兰的时候，他拿起武器，率领英勇、精悍的部队，顽强抵抗着凶恶的侵略者。但是，由于寡不敌众，一连进行了六次大的战斗，都被外敌打败了。他们不得不退却，分散开。布鲁斯自己也隐蔽到一个寂静的山林里去了。

那是一个阴雨的天气。布鲁斯躺在一个破旧的小茅屋里，周围一片沉寂。倾听着雨滴打在屋顶上的声音和山上传来的淙淙流水声，布鲁斯感到从没有过的疲倦和惆怅。一丝绝望的情绪慢慢爬上他的心头。一连失败了六次，这是他完全没想到的，他感到再做什么努力也无法挽回了。

他躺在潮湿的地上，失败的痛苦折磨着他。无意中，他看到一只蜘蛛悬在他的头顶上。那蜘蛛像荡秋千似的，轻轻地荡来荡去。它正试着结网，它想把尾部抽出的长丝从这一面墙上挂到对面墙上去。

它试了一次，失败了；又试了第二次，又失败了……它试了六次，六次都失败了。"倒霉的家伙！"布鲁斯悲观而又幸灾乐祸地轻声说，"你也尝到失败是什么滋味了吧！"可是，那只蜘蛛好像并不甘心自己的失败，稍微停了停，又小心谨慎地尝试第七次。布鲁斯几乎完全忘记了自己的烦恼、绝望。他被那只蜘蛛的顽强精神吸引住了。他想："它会不会再失败呢？"没有，蜘蛛这次成功了！它把吊着它的闪亮的细丝，从这一面墙成功地挂到了对面的墙上，为结好整个网，架起了第一根"栋梁"。布鲁斯受到莫大的鼓舞，激动地说："它第七次成功了，我也要试第七次！"布鲁斯兴奋地从地上站起来，整一整服装，走出了小茅屋。

他很快把士兵们召集到一块，满怀激情地说："我们不应该在失败面前软弱无能，束手无策。我们应该用必胜的信念，用对苏格兰的忠诚去战斗。我们虽然失败了六次，但是，失败会告诉我们怎样去获得胜利。从第七次开始，我们会走上胜利的道路！"

新的战斗又打响了。勇敢的苏格兰人民团结在布鲁斯周围，情绪高涨，越战越强，终于把外国侵略者全部驱逐出苏格兰。苏格兰人民欢呼，庆贺，高喊："布鲁斯国王万岁！"称布鲁斯是非凡的民族英雄。而沉浸在胜利中的布鲁斯，眼前却时时浮现出那只悬在深山茅屋里的小蜘蛛。

这个故事告诉了人们，失败了仍然可以继续奋斗，下次有可能就是成功。**到时候人们收获的其实不仅仅是成功，还有对生活的掌控力，对自己人生的掌控力。**不论你是一个伟人还是一个平凡人，一生中都会经历无数次的挫折和打击，遭遇无数次的大大小小的失败。它们是负性的事件，但事件带来的正面或是负面影响却是等待我们去选择的。

心理小课堂

失败，指没有达到预期的目的，亦指被对方打败，输给对方。很多孩子在遭遇失败的时候感到难过、失望，这种感受是正常的。但是在感受着这些感受的同时，孩子该如何鼓起勇气坚持走下去，是家长需要带领孩子一起思考的。

6.教会暴躁的孩子表达愤怒

暴躁是指在一定场合受到一些刺激就暴跳如雷的情绪表现,它具有情景性。孩子并不是在任何场合都会有暴躁的情绪的,一般是对熟人或亲朋好友才会出现,多见于性格外向或有神经症倾向的青少年。

小琳今年13岁,从11岁起,她就有过三次抑郁发作。当她抑郁加重时,会变得非常难相处,她会变得非常暴躁、抱怨以及充满敌意。她后来是这么描述自己的状况的:

我平时真的没有问题,上学写作业和朋友玩耍都不是难事,甚至我也很喜欢。前几天,突然抑郁发作。我记得就是星期天,我一直在看表,告诉自己要赶快出门,一定得去上英语课了(校外辅导班),并对自己说:"赶快呀小琳,现在一定得去了,如果你现在不去,今天一整天的事儿都会搞砸了。"可是我自己始终无法迈出脚步,不管怎样,我只是躺在床上,一直那么躺着。

妈妈终于来催我了,她看出我状态不对,说可以开车送我去英语班,或者帮我请假,我一下子控制不住情绪了,冲她大吼:"我不要我不要,我在你眼里就那么没用吗!"然后顺手就把床头的水杯砸了过去。妈妈被砸中了额头,鲜血直流。

看到妈妈的血时,我知道我又完蛋了,以前抑郁发作的时候我就是这样,会"见血",这次又是。我知道自己像一头小狮子一样,逮谁咬谁,我无法控制自己的情绪,谁说、谁劝都不听,竭力地发泄着自己。爸爸进来扶妈妈，我冲着爸爸大喊滚出去。爸爸赶紧扶着妈妈就走出房门，让爷爷奶奶送她去医院，他留下来"看"着我。

小琳处于抑郁状态的时候，暴躁的情绪会让她觉得任何事情都"忍无可忍"。当孩子的情绪容易"一点就炸"的时候，家长要充分考虑神经症的可能性，当然也不用草木皆兵。有的孩子性格外向，或者有的事件影响力足够大，那么暴躁的情绪就是可以被理解的。然而，可以被理解，不代表这种情绪就是值得肯定、不需要调整的，家长针对孩子的情况，要具体分析、具体对待，帮助孩子调整暴躁情绪。

● 带孩子做基本的心理筛查

如果孩子经常有情绪暴躁的状态，家长可以带着孩子去心理机构进行基本的心理筛查，看看有没有心理上、情绪上的问题。早发现，早干预，家长不要讳疾忌医，延误孩子的病情。**心理疾病和生理疾病是一样的，谁都有可能得病，得病也不代表是"心理变态""神经病"。** 家长自己先摆正心态，再帮助孩子正确认识心理疾病。

● 积极开展体育锻炼

体育锻炼是"万精油"，如果孩子有心理疾病，那么体育锻炼可以帮助孩子获得正面积极的心理能量。科学研究表明，体育锻炼有抗抑郁、抗焦虑的作用，还能增强主观幸福感。如果孩子只是一时的情绪问题，那么体育锻炼不光能帮助孩子发泄情绪，还能增强孩子的体质，如果能由此养成体育锻炼的好习惯就再好不过了。

● 教孩子学会表达自己的愤怒

家长可以教会孩子如何表达自己的愤怒：

第一,一切暂停,只呼吸,别急着发怒。这一点对孩子特别重要,也许只需要几秒钟,让一切暂停,只是吸气、呼气,我们脱口而出的伤人话就会换成另一句。一个好的开始,往往决定了事情的后续发展。

第二,想一想生气的原因。家长学会让孩子先思考原因,这个原因包括内在与外在两个方面。人们情绪来临的时候,一般只是思考到了外在的原因,例如对方做得如何如何不对,对方凭什么如此伤害我等,而忽略了内在原因。在这件事情上,自己有什么地方做得欠妥?这是孩子要学会预先思考的,只要思考到了这一点,怒气值可能又会有所下降,脾气暴躁的孩子可能就会温和很多。

第三,充分表达自己的愤怒。到了第三步,愤怒的情绪有可能缓和,但是毕竟还在。所以此时家长要引导孩子学会如何充分表达自己的愤怒,这种充分的表达包括说出自己的感受、需要以及对对方的要求。比如"妈妈,你进房间叫我起床,让我觉得很生气,我会觉得你认为我很无能才这么做的。我希望能够自己管理自己的生活,我会自己起床的,能不能以后不要催促我起床"。这样的表达有理有据,真情实感,相信对方会理解。

当然,患有神经症或者神经症状态的孩子自己做好这三点会有困难,他们需要更专业的心理帮助。

心理小课堂

神经症的发病通常与不良的社会心理因素有关,不健康的素质和人格特性常构成发病的基础。症状复杂多样,其典型体验是患者感到不能控制的自认为应该加以控制的心理活动,如愤怒、焦虑、持续的紧张心情,恐惧、缠人的烦恼,自认为毫无意义的胡思乱想,强迫观念等。

7.孩子为何"报喜不报忧"

随着年龄的增长,孩子越来越有自己的主意。在汇报自己学习情况的时候,有的孩子对家长"报喜不报忧",遇到的困难和挫折他们宁愿选择自己暗暗消化和处理,也不愿意向家长抱怨和诉苦。

小菲出国读初中快一年了,由于在国内时表现比较出色,父母对她挺放心的。小菲也经常向父母报告自己在学校的好消息,比如受到老师表扬了,考试得了高分等。父母很是满意,认为孩子很听话,很懂事。

直到期末,小菲的班主任向小菲的妈妈讲述了她的许多事,最突出的就是,小菲虽然是个聪明的孩子,却经常会犯一些错误,经常不做作业,做作业也很粗心,总是出现不该出现的错误,几乎是每隔两三天就要受到老师的批评。

妈妈这才知道,小菲报告的只是自己好的方面,对自己不好的消息却是隐瞒不报。

中国人自古就有"报喜不报忧"的传统，旨在不让父母操心。小菲的做法是可以理解的。而小菲父母需要做的是，反思自己是否在教育孩子时有了疏漏？不告诉父母这些关于自己的负面情况，孩子们在担心什么？

● 担心会遭受批评、惩罚

很多时候，孩子之所以对家长隐瞒实情，是因为害怕会遭受父母的批评和惩罚，这种情况多出现在有"严厉型"家长的家庭。回想一下，当孩子考试成绩不如意，或者学习态度不符合家长的预期，或者做出和家长背道而驰的决定时，你的反应是什么？**"严厉型"**家长的反应有批评、惩罚、冷暴力等。这类家长一般不会在意孩子的需求，也不太听孩子的解释，而会非常在意孩子是否遵循了自己定下的规矩。久而久之，孩子就不愿意和家长沟通，尤其是家长重视的"学习"方面，少说少错，能不说自己的"忧"就绝对不说。

● 担心父母对自己失望

有的父母不会批评、惩罚孩子，但是他们会对孩子表达一种失望的情绪。比如孩子没考好的时候，父母边看着分数边摇头说"哎"，尽管没有批评孩子，但是孩子完全可以感受到父母的情绪。此后，孩子如果遇到挫折时，为了避免父母对自己的失望，很可能仅仅把自己好的一面告诉父母，隐瞒自己不好的一面。

● 担心父母认为自己是弱者

还有一类家长，当他们听到孩子说自己的"忧"时，采取的是忽视的态度，他们回避孩子的心理需求，认为孩子"小题大做"。比如，当一个孩子小的时候因为被同桌欺负而期望得到家长帮助的时候，这个家长如果用"这种小事儿有什么"的态度来应对孩子就是对孩子的忽视，久而久之，孩子在遇到其他问题的时候也不会寻求家长的帮助，认为自己寻求帮助就是"弱者"，自己应该处理好这些"小事"。实际上，很多"大事儿"都是从"小事儿"起步的，不是吗？

● 担心父母多变的态度

人的性格多种多样，父母的性格也是。有的父母非常情绪化，想法也很多变，同样的事情根据"心情不同"会有不同的反应。比如，孩子考试成绩差了一点，如果今天心情好，那么就会说"没关系，下次再努力"；如果今天心情不好，可能孩子就会遭受一顿狠批。面对这样情绪多变的家长，孩子会不清楚用自己的何种沟通内容、沟通方式会招致父母的负面情绪，于是索性不去冒险，避免沟通，"报喜不报忧"。

心理小课堂

很多人际关系问题，包括家庭关系、夫妻情感、亲子关系等问题，往往是因为把自己的真情实感隐藏起来造成的。"报喜不报忧"就是一种隐藏，家长要及时意识到孩子的这种表现，反思自己的教育方式。

8. 从"不得不"到"我愿意"

在日常生活中，不知道家长有没有听到孩子这样抱怨"这事儿真不想做，可是不得不做"。当孩子说类似的话时，表明他内心觉得这件事一点乐趣都没有，自己是"被迫"的。做这件事只是出于义务、职责、恐惧、内疚或者羞愧等，所做的事情令他一点愉悦感也没有。这会大大降低孩子们的幸福感，对孩子将来的生活存在负面的影响。其实，有时候事实并非如此，一些"不得不"做的事情真的毫无幸福感吗？只有和孩子深入探讨下去，才能让孩子从思维的陷阱里走出来，客观认识自己身边的人和事。

● 列出那些"不得不"做的事情

家长可以在孩子说起"不得不"的时候，让他列出这些事情的清单。

小甘今年高一了，平时不太爱说话，这次是和妈妈一起来到的诊室。
"我们有什么可以帮助你的吗？"
"没有什么能帮我的，帮帮我妈妈吧，她有问题。"小甘低头边玩手机边说，一副不配合的样子。
"哦？你觉得妈妈有什么问题？"我们疑问道。
"总逼我做我不想做的事，比如今天来医院吧，我不想来，她软磨硬泡，我不得不来。"小甘仍然低着头，满腔"怨气"。
"是这样吗，妈妈？"我们转头问妈妈。
"嗯，这孩子好赖不分，不逼着不行啊！"
接下来我们让小甘列出了所有妈妈逼他的"不得不"做的事情，他写了满满一大张。

不得不早起；
不得不吃药；

不得不上学；

不得不来看医生；

……

从小甘那长长的清单中，我们看出了他的生活过得有多么"憋屈"。碍于家长的天然权威，自己只能屈从，这样的孩子怎么能快乐起来？

● 把"不得不"改成"我愿意"，并写出原因

家长在拿到孩子的清单后，可以尝试着让孩子把"不得不"变成"我愿意"，让孩子暂时放下疑惑，修改试试看，然后再思考一下，是否有"我愿意"的原因。

我们拿着小甘的清单，要求他把"不得不"三个字改成"我愿意"，然后后面画一条横线，写明原因。

小甘很疑惑，也并不怎么愿意，我们表示希望他配合，这是心理治疗的一种，而且对他并没有伤害。

于是小甘的清单变成这样：

我愿意早起，因为：

我愿意吃药，因为：

我愿意上学，因为：

我愿意来看医生，因为：

笔者让他思考原因，小甘思考了很久，有所得，但却不愿意写下来。但是我们相信，他已经开始深入思考他的动机，这次治疗是有效果的。

一般来说，人们去做一些"不得不"做的事情的时候，其实是有多种动机的。比如为了钱，钱可以帮助我们更好地生活，养家糊口，满足我们的需要，让我们变得快乐；比如为了得到认可和赞同，就像孩子尽管不喜欢吃青椒，可是在学校为了得到老师一声"不挑食"的赞许，却大口吃下；比如为了逃避惩罚，案例中的小甘，如果他不去上学，不来医院看病，也许他的妈

妈就会惩罚他,这种惩罚可能是批评责备,也可能是一种内疚;再比如为了履行职责,我们也会不得不去做一些事情,就像警察刮风下雨仍然坚守岗位……

当这些"不得不"出现的时候,如果我们能够深入思考,找到我们愿意去做的原因,那么内心的负面情绪会少很多。因为"**我愿意**"意味着这是"**我的选择**",不是被逼迫着去做某些事的,是因为我们自己的需要和价值观来选择生活的。

心理小课堂

动机决定了人们的乐趣。当动机从"被迫服从"转化为"主动承担"的时候,生活就变了一副模样。我们就会真正地学会去热爱生活,许多事情也就不再枯燥无味。

9.重视孩子的积极情绪

沮丧、痛苦、怨恨、焦虑……这些是消极情绪;快乐、热情、信任、满意……这些是积极情绪,现在静下心来,问问自己,孩子已经十多岁了,步入了青春期,这十几年来,你对孩子的消极情绪关注多,还是对孩子的积极情绪关注多?如果你对孩子的消极情绪关注多,那么请认真读一读这一小节;如果你对孩子的积极情绪关注多,那么你做得很好,可以读一读这么做的好处和如何进一步做得更好。

● 积极情绪值得重视

很多时候,家长会将大把的注意力放在孩子的消极情绪上。当他们愤怒、抑郁、痛苦的时候,我们会去关心他,注意他,试图帮助孩子化解消极情绪,但这样做容易忽视掉孩子的很多积极情绪。

慧慧初三了,学习压力很大,轻度抑郁状态,长期接受心理治疗。

这天,慧慧凌晨三点就醒了,她想着自己还没有完成的数学作业,心情很糟糕。

数学一直是她的弱项,昨天作业太难了,这让她很沮丧,想先睡会儿再起来做,没想到一睡睡到凌晨三点。如果现在起床来做,那么不一定能做出来,而且还会睡眠不足,去上学也会没精神;如果不起床来做,上学

时作业没完成一定会被老师批评。想到这里，她的心情更沮丧了。接着，她躺在床上又想，自己这样不做作业、荒废学业，简直是在毁灭自己的前途，将来考不上好大学，找不到好工作，一辈子只能穷困潦倒，父母也会对自己彻底失望……此时她的眼泪流了下来，在黑暗的绝望深处，她开始想或者可以现在结束这一切，不用那么辛苦，安眠药就在桌子上……

第二天，慧慧没有去上学，她和妈妈说想来看心理医生，于是她和我们说起了昨晚的所思所想。

慧慧不断关注自己的消极情绪，消极情绪会激发消极的想法，消极的想法又进一步刺激消极情绪，一个消极的螺旋形旋涡便形成了。这个思维方式提示我们，**如果我们不断关注自己的消极情绪，那么消极情绪会无限放大**。同理，如果从关注消极情绪转移到关注积极情绪呢？积极情绪会不会无限放大，答案是肯定的。人在拥有积极情绪的时候会更有创造力和探索精神，而广阔的思维会进一步激发人的积极情绪，这是有科学依据的。

在马丁·赛里格曼的《真实的幸福》里提到过这样一个实验：

弗雷德里克森和乔伊纳做过这样的问卷调查。他们请了138位学生前后填写情绪问卷两次，中间间隔5个星期。同时测查他们的认知应对方式两次，每个学生写出去年遇到的最重要的一个问题，写下他应对这个问题的方法，比如寻求建议、找人倾诉、回避等。同样的人5个星期后再做同样的测验，结果显示本来就快乐的人5个星期后变得心胸更宽广了，而本来就心胸宽广的人在五个星期之后会更快乐。

如果人们经常使用积极情绪，人会得到更多的积极情绪。所以，家长在孩子产生消极情绪的时候要想办法寻找他们的积极情绪。比如上面案例中的慧慧，当她觉得"数学没做，导致人生无望"时，家长可以引导孩子，把注意力转移到她已经完成的其他作业上来。如果未做的数学作业导致人生无望，那么已经完成的语文、英语、化学、物理等是不是可以给人生建立一些希望？**在对待孩子的情绪时，对他们的积极情绪要像对他们的消极情绪一样上心**。

● 如何重视孩子的积极情绪

在生活中,家长可以通过下面两个方式来调动孩子的积极情绪。

第一,让孩子知道自己的行为能带来效果。我们自己可以明显地体会到,如果我们知道某一个行为会带来有效的结果,那么就会产生积极情绪。比如种花,如果我们能按时浇水、施肥、让花儿晒太阳,那么花朵就会因为我们的照顾茁壮成长;如果我们知道不管我们如何尽心,花儿都不会盛开,都会死亡,那么我们就失去了种花的积极情绪,很大的可能是开始了一段时间后置之不理或者干脆就不开始。因此,**家长要让孩子意识到他的每一分努力都是会有好的效果的,这个效果可能暂时不显现,但仅仅是暂时不显现而已,自己的行为一定会有效果。**

第二,让孩子客观全面地看待自己、看待问题。孩子消极情绪是如何走进死胡同的?片面地、非客观地看待自己、看待问题,是强有力的"助推器"。家长需要让孩子意识到自己所担心的问题的真实情况是如何的?比如吃甜食会胖,今天的一口甜食到底会带来怎样的消极效果?会让一个人之前为了减肥所付出的所有努力都白费吗?这个答案可以让他自己去寻找,切忌用想法和情绪来代替客观事实。

心理小课堂

积极情绪和消极情绪是孩子心态走向的关键,它们的组合,既能助孩子一臂之力,又能让孩子功败垂成。要想获得相对完满的人生,孩子要学会借助更多的积极情绪的力量。

10. 发现孩子的情绪模式

童年经验和遗传基因会决定人们的情绪模式。也许一下子不容易理解什么是情绪模式，那么看看下面的文字，也许就能明白了。

小孟的父母一直陪伴他长大，对他温和且有耐心。他很少自我怀疑，比较自信，别人喜欢他，他也喜欢别人。他认为别人都是可靠的，好心的，喜欢帮助人。到了青春期，他很容易在独立与依赖之间找到了平衡点，当他觉得情绪不好的时候，他会马上承认自己情绪不好了，并且想办法"化悲痛为力量"。

小飞的母亲是会计，理性且强势，小飞不太自信，也经常怀疑别人不诚实、不可信，总是避免与他人深交。到了青春期，他选择住校，与爸爸妈妈保持距离让他觉得有安全感，他不怕爸爸妈妈不爱自己，认为自己只要在学业上出人头地就什么都不用担心了。当他情绪不好的时候，他不会向任何人袒露心事，当有人主动关心他时，他会故意否认，甚至有点愤怒，拒绝别人的帮助。

小萱认为自己的父亲对她很不公平，她有一个哥哥，父亲总是偏袒哥哥。她觉得自己一辈子都活在哥哥的阴影下，但她从来没有对父母提过这一点，她怕说了以后父母完全抛弃自己。十五六岁的时候，哥哥出去上大学了，她本可以住校，但她选择住在家里，希望爸爸妈妈能发现自己的"好"。当她情绪不好的时候，她会和爸爸妈妈说，反反复复地说，直到把爸爸妈妈说烦了，吼她，让她闭嘴的时候，她才不吭声。

三个故事的主人公，第一个小孟属于"安全型"的情绪模式；第二个小飞属于"回避型"的情绪模式；第三个小萱属于"焦虑型"的情绪模式。这些情绪模式始于童年，但不是僵化不变的，所以在他们的身上，读者可能觉得自己或者孩子属于两种或三种模式之间。三种模式受到经历的影响，并且一直在潜移默化地变化着。下面具体解释三种情绪模式：

● 安全型

安全型的情绪模式，顾名思义，它所释放的情绪相对安全。这种情绪模式的人的消极情绪与积极情绪比例适当，大多数时候呈现1∶2。所以他们相对是积极情绪占主导，他们有稳定的社会支持系统，也会照顾他人。不但能与人保持亲密的关系，还能知道对方的要求。和安全型的人相处，绝大部分人会觉得很舒服。

● 回避型

回避型情绪模式的人缺乏自信。特别是在社交中，他们不太容易向对方吐露自己的情绪。如果孩子是这样的情绪模式，那么家长需要加深与孩子之间的亲密关系。因为这很可能是童年时期依恋关系没有处理好，孩子对父母的情绪像对待陌生人的情绪一样。这导致了他们长大后情绪发展成了回避型，在青春期会较明显地体现出来。

● 焦虑型

焦虑型情绪模式的人缺乏安全感。他们经常向人倾诉负面情绪,通常会"惹人烦"。他们不断地输出自己的情绪,不管对方是否招架得住。他们只把注意力放在自己的身上,不管对方的感受,让身边的人也觉得很"累"。如果孩子属于焦虑型,父母在对待孩子的时候,要注意他们的"痛苦管理"。因为他们会体验到无数的痛苦,而且不知道如何科学有效地纾解自己的痛苦。这可能会导致他们在人际关系、学业、将来的婚姻生活方面触礁。所以在痛苦管理上父母要做孩子最好的陪伴者,有必要的话寻求专业的心理帮助。

心理小课堂

一个人的"社会支持系统"指的是个人在自己的社会关系网络中所获得的,来自他人的物质和精神上的帮助和支援。一个完备的支持系统包括亲人、朋友、同学、同事、邻里、老师、上下级、合作伙伴等,还包括由陌生人组成的各种社会服务机构。"社会支持系统"是人健康生活的一个重要保障。

第六章

社交能力是必备能力，人际关系对青春期孩子很重要

1.让孩子学会信任他人

从心理学角度来分析，不信任他人是一种内心不安全感的体现，而这种不安全感又是以对人的种种不合理的假设为前提的。比如，家长可能会听到孩子说"妈妈，我怀疑小峰在背后说我的坏话""爸爸，我觉得班长和老师针对我"。这有可能是事实，但也有可能是孩子内心的不安全感在作祟，让他们怀疑他人，不信任他人。家长要做的是帮助孩子分辨他们的疑虑是否是事实，然后适时引导他们信任他人。

小冰进到诊室时有点紧张，她怯怯地打量着我们，眼里透着不安。

询问孩子的情况，小冰的妈妈这样描述：

"孩子今年15岁，我和她爸爸在她3岁时就离了婚，她一直跟着我。12年间，我们母女俩相依为命，住在一套一室一厅的单元房里。我不太让小冰和邻居的孩子一起玩，怕她受欺负，怕别人嘲笑她是个没有父亲的孩子。"

"来找我们是因为什么呢？"

"是这样，上了初中后，老师跟我说过她有点多疑，不合群，没有朋友。但是我没有重视，我认为在这个社会上，就是不要轻信人才好。像我自己，就是因为轻信了小冰的父亲，才让自己一生这么悲苦。"妈妈边说边抹泪。

"初二的时候，一次课间，小冰喝完自己带的白开水就随手放在了课桌上出去了。等她回来时发现水杯移动了位置，她非常警觉，立刻认为有人偷喝了她的水。可是看看自己的水并没有少多少，于是就怀疑有人'恶作剧'，往她的水杯里吐口水或者放别的东西了。她立刻想到这个人可能是同桌，因为刚刚一节课上她问自己借作业抄她没答应，于是她开始指责自己的同桌，同桌不承认，两人就吵了起来。老师为这事儿找了我，可是我还是没有重视起来，也没有好好处理。直到现在，她初三了，这会儿开

学一个月了,孩子却不愿意去上学了,说班级里的每个人都不喜欢她,她没有朋友,孤独。"

妈妈把情况简单说了说,我们了解了大概。看着小冰,似乎也看到了她眼中对我们的不信任。

不知道你是否读过莎士比亚的《奥赛罗》?主人公奥赛罗中了坏人的奸计,不经分析和调查,便对妻子的忠贞产生了怀疑。他把许多并无关联的现象主观地联系在一起,妒忌、怨恨焚烧着他的心,最后终于忍无可忍,亲手掐死了纯洁的妻子。真相大白之后,他追悔莫及,无法原谅自己,拔剑自刎,死在了妻子的脚下。这个故事说明不安全感造成的多疑、不信任的危害是巨大的。它会把孩子引入主观想象的死胡同,从而做出错误的判断,影响孩子的生活，案例中的小冰也是如此。母亲对父亲的不信任让她人为地阻断了孩子与他人交往的机会，让孩子变得不愿意信任他人。长此以往孩子很有可能变得闷闷不乐、郁郁寡欢，无法体会生活的乐趣，内心总有解不开的困惑，陷入摆脱不了的苦闷、惶惑和烦恼之中。而孩子的人际关系紧张不但会进一步加深自己内心的痛苦，而且还会促使其更加怀疑人与人之间的真情。恶性循环必然导致孩子陷入作茧自缚的困境中不能自拔。

● 对孩子做出爱的承诺，建立孩子内心的安全感

不信任他人的人总是自我封闭性太强，对周围的人缺少最起码的信任，对外界的各种信息都持怀疑态度，自己的内心世界又不愿公开，缺乏心的交流和真情的抚慰。如果继续发展下去，还会逐渐由不信任他人到怀疑任何人，由怀疑他人到怀疑自己，对自己没有信心，并且会渐渐变得自卑、胆怯、懦弱，行为上显得消极和被动。家长要做的是建立孩子内心的安全感，从而帮助孩子学会信任他人。那么，内心的安全感从哪里来呢？

小柳的妈妈是个知名的企业家，她对小柳的要求过分严格。小柳从小就没有安全感，她的母亲对她就像对待自己的员工一样。除非小柳听她的话，达到她希望的一切标准，否则小柳的一切都没有保障——没有零花钱，不能看电视，不能和朋友出去玩……小柳长大后几乎没有朋友。

对他人的信任感来自内心的安全感，而安全感的建立仰仗的是家长对孩子爱的承诺。小柳的母亲没有给她爱的承诺，对孩子造成了严重的心理伤害。妈妈的所言所行会让小柳认为"只有自己表现得好才能得到妈妈的爱，表现不好就会被妈妈抛弃"。在这种环境下成长起来的孩子，如果没有长期有效的治疗很难好转，她会一直活在对他人的防备中。所以，无论是离异家庭还是任何情况，父母对孩子的爱不可或缺。**让孩子明白"我爱你"这是承诺，不会因为任何原因改变，这种无条件的爱会让孩子内心充满安全感，帮助他心智健康地成长。**

● 有效分辨一个人是否可信

不是所有人都值得信任,也不是每个人都不值得信任。如何分辨一个人是否可信,是孩子学会信任他人的同时,家长要教会孩子的技能。

第一,教会孩子及时沟通,开诚布公。有时,对一个人产生不信任感可能是由彼此间缺乏交流引起的;也可能是人为地设置心理屏障而导致的;还可能是由于误会,或存心不良的人故意搬弄是非的结果。对于这些情况造成的不信任,家长告诉孩子最好的解决办法就是通过适当的方式,选择合适的时间、地点,同被怀疑者进行开诚布公、推心置腹地交谈,通过这样的交谈,孩子可以进一步判断这个人是该信任,还是该怀疑。

第二,让孩子时刻保持理智的头脑。如果孩子能保持冷静的头脑,注意观察研究,会发现有些疑心是"事实",有些则不是。俗话说:"耳听为虚,眼见为实",很多事情只有等弄明白真相的时候,才会发现曾经的多疑是多么荒谬。而如果一时之间弄不明白真相,那么可以把疑心放一放,不要轻易给人下判断,认为对方不可信任。

心理小课堂

英国思想家培根认为:"多疑之心如蝙蝠,它总是在黄昏中起飞。这种心情是迷惑人的,又是乱人心智的。它能使你陷入迷惘,混淆敌友,从而破坏人的事业。"想帮助自己的孩子生活得幸福、顺利,那么就要帮助孩子克服多疑的坏习惯,学会信任他人。

2.倾听：教孩子学会倾听是明智之举

生活中，我们很多时间都在倾听别人说话，可是很多人却不懂得如何倾听，为什么？因为他们没有意识到倾听的重要性，也没有学习到关于倾听的技巧。

● 明确"倾听"的重要性

方方今年高一，住校期间人际关系出现问题，从而来医院需求帮助。她说，自己很想融入宿舍（一个宿舍住6人），可是总跟大家伙儿要好不起来，很多都是"肤浅的表面关系"。

"可以给我们举个例子吗？"

"比如，上次有个同学过生日，那个同学很优秀，我很想和她做闺蜜。我悉心准备了礼物，是我最喜欢的粉色水晶项链，我一直没有舍得买的款式，我想她也会喜欢。可是她收到后并没有很惊喜，反而是另一个同学手工做的千纸鹤让她爱不释手。后来那个送千纸鹤的同学说，以前聊天的时候听她说起过千纸鹤的故事，便记下了，这次亲手送给她。我真恼恨自己，怎么情商那么低，想和人做朋友怎么那么难！"

撇开方方其他性格上的因素不说，单就"倾听"而言，

方方似乎没有另一个同学做得好。汤姆·彼得斯在《追求优秀的热情》一书中所说："倾听是礼貌的最高形式。"一个会倾听的人是受人欢迎和喜欢的，但现在很多家长忽视了对孩子倾听能力的训练，切记要重视这一点，教孩子学会倾听是一个明智之举。

● 倾听孩子的心声，做孩子榜样

孩子到了青春期，需要父母倾听的总体时间显然少于他们的童年期。但是一旦孩子开口讲话，和小时候相比，就需要父母更多的关注。同时，父母可以借助倾听孩子的机会，作孩子的榜样，教会他们如何倾听。

下面一位来访者描述自己和父母之间的关于"倾听"的细节时，这么说：

"我和我的父母，怎么说呢，他们挺好的，就是忙。记得我初中的时候做过一个航模，被老师在全班表扬。我当时很兴奋，回到家把航模摆在了客厅显眼的位置上，但他们下班回家后并没有注意到。吃晚饭的时候，我忍不住了，在和父母随意聊天时轻声说了一句'今儿我的航模被老师表扬了'，然后赶紧岔开话题聊别的。当时，我很想他们马上注意到我的这句话，问我要我的航模来看，可是他们并没有。当然了，我如果明确地要求他们看，他们也会乐意去做，但是那样对我来说就变得索然无味，就像我哀求他们表扬我、关注我一样。"

从这个细节可以发现，案例中的父母似乎是一个不善于倾听的人，不能明白孩子的许多暗示。他们只是选择性的倾听，如果方方说他考了全年级第一，他们也许会马上抬起头关注他——这是因为父母在意孩子的成绩，于是就选择性注意孩子学习方面的表现，而忽略了很多其他细节——毕竟航模这件事儿，在父母眼里可能就是"玩"。

所以，父母在和孩子沟通的时候，要注意学习倾听的技巧和方式，作孩子的榜样，**孩子只有"被倾听"了，才能学会如何去倾听。**

● 教给孩子一些倾听的技巧

倾听的技巧不是三言两句就能说完的,在这里笔者只是简单介绍,旨在给家长一个方向和动力。

第一,教孩子放下自我判断,体会对方。青春期的孩子有很多自己的想法和见解,但在倾听的时候,要学会放下这些,全身心地体会对方。然而,做到这一点并不容易,人的大脑运转飞速,**当他人向我们倾诉痛苦时,我们常常急于提建议、安慰来表达我们的态度和感受,这往往是不明智的。**比如,当有人对孩子抱怨"班级里的某个男生嘲笑我胖得像一只猪",孩子如果说"别听他胡说,你挺好的",对方当然得到了些许安慰,但是内心的情绪仍然没有释放,而如果孩子这么说:"看来你对自己的形象感到很失望?"接下来,那人自己就会侃侃而谈,自己对哪里不满意……他的痛苦和烦恼就可以得到宣泄。倾听意味着全心全意地体会他人的信息。别着急给出建议和安慰,让孩子了解这一点,也很重要。

第二,给他人恰当的反馈。在倾听他人的情绪、体会他人的感受之后,孩子可以主动表达自己的理解。如果孩子已经准确领会了对方的意思,孩子的反馈将会帮助对方意识到这一点。反之,如果孩子理解得不到位,对方也就有机会来纠正自己。在倾听他人时,恰当的反馈也很重要,父母要帮助孩子学习这一点。

心理小课堂

倾听属于人际沟通的必要部分,人们通过倾听以求思想达成一致和感情的通畅。心理学上,狭义的倾听是指凭借听觉器官接受言语信息,进而通过思维活动达到认知、理解的全过程;广义的倾听包括问题交流等方式。

3. 不要太在乎他人的看法

心理学将人际关系定义为人与人在交往中建立的直接的心理上的联系。青春期的孩子很注重人际关系，这是由生理变化引起的自我觉知、自我发展、自我需求所带来的变化。孩子们逐渐长大了，无法再像儿童一般生活，需要一边忠于自己的感受与直觉，一边调整自己在人际关系中的模样，这对青春期孩子来说无疑是一种挑战！

蓓蓓走进诊室给人的第一个感觉就是安静。她静静地坐下，静静地喝水，静静地整理衣服……当笔者问具体的情况时，她也只是笑笑，不回答我们，由妈妈代为转述。

蓓蓓今年初一，这种"缄口不言"的情况已经持续了一个多月，她从小就敏感内向，怕同学们不喜欢自己，可是怕什么来什么，越是想他人对自己的印象好一点，越是做不到。

那次，蓓蓓和两个好朋友一起聊天，其中一个朋友娇娇很苦恼。娇娇的爸爸妈妈本来感情就不好，爸爸又计划出国访学一年，妈妈不同意。为此父母经常吵架，离婚也提及了好几次，她担心爸爸妈妈真离婚了可怎么办。另一个朋友娜娜就说："那可说不好，蓓蓓有个阿姨就是这样离婚的！丈夫出国了，他们就离婚了，你说是吧，蓓蓓！"蓓蓓突然被"点名"，一时不知道如何接口，支支吾吾说："嗯，是，情况差不多。"

几天后，蓓蓓接到了娇娇妈妈的电话，说："我们不会离婚的，你别和娇娇说这些了，好吗？吓着她了，回来就和我们闹。阿姨没有怪你的意思，你们平时也一起玩得挺好的，帮阿姨多安慰娇娇。"

蓓蓓放下电话就开始乱想了，她觉得娇娇妈妈一定是对自己有看法了，她和自己爸妈，还有娜娜说了，他们都说娇娇妈妈没有那个意思，可是蓓蓓还是放心不下，她想娇娇妈妈和娇娇说不定都讨厌自己了。

之后几天，蓓蓓和人说话时经常"开小差"，想想自己有没有哪里说

错了,同别人接触总是提心吊胆,把他们说过的话翻来覆去地想。她总怕自己的性格遭人讨厌,又总是对别人怀有较强的戒备心。她不想和别人接触,但这是不可能的,接触过后她又很自卑,怕别人讨厌自己。父母和好朋友都劝蓓蓓,说她的性格很好,没有人讨厌她,可是蓓蓓又觉得他们在骗自己。

后来,蓓蓓索性不说话了,这样"一劳永逸",不说就不会错。

蓓蓓是对人际关系比较敏感的孩子。她在人际交往中安全感不足,怀有较强的戒备心理,怕自己说错做错遭人嫌弃、讨厌。与此同时,她还渴望被人接纳、认可、喜爱,但是很容易由于过于在乎他人的看法压抑自己的感受,导致人际关系受挫。这样的心理矛盾导致蓓蓓最后"缄口不言",迷茫无助。

● 青春期孩子处在自我同一性的探索期

自我同一性是西方心理学一个重要的概念,指个体尝试着把与自己有关的各方面结合起来,形成一个协调一致、不同于他人的独具"统一风格"的自我。简单说来，就是把自己"众多的人格"统一起来，形成一个比较稳定的人格。以蓓蓓为例，她就是处于自我同一性的探索期，想要被人喜爱，又有较强的戒备心理，找不到平衡点，所以矛盾产生了。人格无法很好地统一起来，表现为非常关注他人的看法和评价，压抑自己的感受，最终封闭自我，"冷冻"人际关系。

其实，每个人都有自我同一性的探索期。但是大多数人会一边探索一边找到一个平衡点，形成客观的自我评价和自我肯定。对别人的评价会用"批判的眼光"来看待——平静地接纳善意的、有改进意义的评价，不理会那些不公平的或不切实际的评价。蓓蓓这样的孩子缺乏安全感，她找不到平衡点，无法形成客观的自我评价，所以特别依赖于他人的评价，并且提心吊胆，生怕自己说多错多。

● 教会孩子悦纳自己

学会悦纳自己是完成自我同一性的重要一环，为什么这么说呢？因为在自我同一性完成的过程中，人会对周围的人际关系有种种的担心和猜疑。比如"他是不是对我有意见""我这句话是不是惹他不高兴了"等。这些担心和猜疑折射出我们对自己的不满意，认为自己很多地方做得不妥当，不值得获得他人喜爱和认可。**如果我们学会悦纳自己，就能无条件地去爱那个不完美的自己，而不是苛求自己处处去做得完美。**做到完美是不可能的，所以必然会遭到挫折，导致心灰意冷，人际关系亮起红灯。悦纳自己可以让人在自我认同的过程中获得身心和谐，淡定豁达地处理人际关系，明白"别人觉得我不好，我不一定不好"的道理。

● 教会孩子建立并明确自己的心理界线

这里所说的心理界限是指拿捏好自己猜疑和戒备的分寸。比如案例中的蓓蓓，疑心娇娇妈妈和娇娇对自己有意见，这时候她是应该去当面和她们说一说自己的真实想法,澄清误会,还是让这份猜疑在自己内心不断发酵呢?蓓蓓选择了后者。其实,这没有标准的答案,要依据个人的感受来做准确的判断。如果我们觉得这份猜测只是猜测,无伤大雅,那么放一放也未尝不可;如果觉得这份猜测涉及自己的人品问题、道德问题,给我们造成了困扰,那么可以去澄清。这完全依据我们的内心感受,家长要让孩子留意自己的内心感受。**不需要违背自己的感受去迎合别人,寻找到自己的心理界限,凭自己的感觉去处理就好。**

心理小课堂

人际关系敏感主要表现是不能正确处理个人与他人的相互关系,在人群中感到不自在,与人相处时有着较强的戒备、怀疑和嫉妒心理,在人际关系上存在着种种困惑,与他人关系紧张。

4. 把握好自私与无私的"度"

狭义的自私通常包含在自我中心的范畴里,广义上对自私的定义是为了个人利益而做出的行为及反应。通常,每个人都是有私心的,也就是说,**自私是人的基本属性。**一棵小草同另一棵小草争夺泥土中的养分;一群鸟儿争夺面包屑;一只狗同另一只狗争抢骨头……这些都是"自私"的表现。优胜劣汰,有时必须自私才能生存下来。但是自私也必须适度,马斯洛发现,**健康的人既自私又无私,以一种健康的方式"自私"有益于个人又有益于社会。**

如果这个"度"没有掌握好，很可能会让人的人际关系亮起红灯。

李玉，15岁，初中生，学习成绩好，人际关系差。他在人际关系团体治疗中说出了自己的困扰：

"现在班级里我被孤立了，同学们都不愿意和我在一起玩，他们跟老师告状，说我太自私。老师找我谈话，也说我是个自私的人……我承认，我有时候是有一点小气，同学请教我解题方法的时候，我不告诉他们，怕他们学会了，成绩就超过我；爸爸在国外给我买的遥控汽车，他们问我借去玩，我也没有借，怕他们玩坏了……同学们都不理我，我心里好难过……"

案例中的李玉对自私的"度"没有掌握好，因此他受到了朋友同学的孤立，导致生活不愉快。家长要帮助孩子明白，什么时候要自私，什么时候要无私。

● 自私与无私的关系

简单地来看一下自私与无私的关系。生活中很难找到绝对自私的人和绝对无私的人。因为绝对自私的人会为了自己毫不顾忌他人，没有朋友，没有亲人，这种人一般很痛苦；而绝对无私的人就会把自己的一切都奉献出去，过着苦行僧一般的生活，难以得到家人朋友的理解，生活也会很痛苦。所以，按照自私与无私的关系，可以看到**在满足自身欲望的同时，再去无私地对待他人，这才符合人性的道德标准**，这就是所谓的"适可而止""知足常乐"。

多年前，年仅14岁的少年赖宁为了扑灭山火而牺牲，随后赖宁作为"见义勇为"的少年被树立为全国青少年学习的榜样，他的照片也被纷纷挂到校园里。可是2004年1月份开始，《北京市未成年人保护条例》开始实施，随着《条例》的实施，赖宁的照片被摘下了。

赖宁的"见义勇为"毫无疑问是一种无私的精神，可是为什么现在却少被提及？因为赖宁作为一个孩子，不应该承担他们本无力承担的重责。孩子们应该在保护好自己的基础上再去见义勇为，不切实际鼓励孩子见义勇为是一个道德误区。孩子要明白必须满足自身生存欲望之后再去无私对待他人。

● 把握好自私的度

自私与无私的关系捋清之后，家长在面对孩子"该无私还是该自私"的疑惑时，可以让孩子自己先去思考，是否满足了自身的欲望？如果满足了，就可以无私一点；如果没有满足，就可以自私一点。

比如孔融让梨，小小的孔融把大梨让给别人吃，自己吃小的，这是可以的，因为孔融吃小梨也能够满足自身的欲望，对自己没有什么伤害，这时候去无私地对待他人是值得提倡的。如果孔融已经很饥饿，吃下一个大梨可以让自己多生存几天，那么不让梨是可以被理解的。

放到青春期孩子的人际关系上来，比如，一个同学没有带书，我们可以在满足自己阅读的情况下分给他，和他共用一本书，这样既满足了自己的欲望，又无私地满足了他人的欲望。而当他人的欲望得到满足后，我们自己就有了存在的价值，这种价值感会带给人快乐，也会带给人越来越宽广的人脉。孩子遇事多一些这样的思考，慢慢这个"度"孩子就会把握了。

心理小课堂

亚伯拉罕·马斯洛是美国著名社会心理学家，是第三代心理学的开创者。他的主要成就包括提出了人本主义心理学，提出了马斯洛需求层次理论，代表作品有《动机和人格》《存在心理学探索》《人性能达到的境界》等。

5.让孩子远离社交恐怖

《精神疾病诊断与统计手册》简称为（DSM-IV）一书上认为，患有社交恐怖的人对他人可能观察、研究或评价他们的社交场合有强烈的害怕，这些场合包括当众演讲、与陌生人会面、与他人一起进餐等。由于这些强烈的害怕，患者通常会回避社交场所，避免与其他人打交道，当不得不与人交往时，会出现脸红、发抖、恶心、呕吐等自主神经功能紊乱的症状。

小田今年上六年级，他现在的每一天几乎都是在恐慌之中度过的。无助的小田找到了我们，在心理咨询师的耐心询问下，小田吐露了心事。

童年时，小田家里时常发生"战争"，因此，他从小就自卑、懦弱、胆小、不爱说话，甚至怕见生人。上五年级时，他发现自己不能适应集体环境，就让自己远离同学，一些男生为此经常取笑他、欺负他，后来他特别害怕和男生们相处。

六年级时小田转学了，到了新学校小田仍然是很少说话，很少与同学交流，更是不愿意参加男生间的群体活动。后来，万万没有想到的是，以前学校同班的一名男生也转来了他现在的学校。于是，小田以前的一些经历便被当成笑话，几个无聊的男生笑话他"不是男人"，这让小田非常愤怒，经常气得浑身发冷，四肢抽搐，说不出话来。小田越来越不想去上学，越来越不敢和男生相处。为此，小田十分痛苦，十分恐慌。

中国临床见到的恐怖症中，以社交恐怖最为常见。大多数社交恐怖症多起病于青春期，少数起病于20岁以后，美国成人中有约7%存在社交恐怖症。首次症状出现的平均年龄是13岁，75%的个体首次出现症状的年龄在8～15岁之间。

恐怖是一种心理状态，每个人都会有，它由"出现"发展到"病态"是需要时间发酵的，这就给了人们识别、预防社交恐怖的机会。像小田这样的孩子就是有社交恐怖倾向的，如果这个时候能及时、有效地干预，那么孩子就有可能不会发展为社交恐怖症。心理学最重要的作用不是治疗孩子的社交恐怖，而是预防孩子的社交恐怖，让孩子远离这一心理疾病。

● 告诉孩子，"恐怖"是一种正常情绪

恐怖实在是一种很普遍的情绪，任何一个人在面对一些重要的人物（如领导，心仪的异性等）或重要场合（如演讲、年会等）都会有紧张不安的恐怖情绪，程度不同而已。**之所以孩子会比其他人"严重"，只是因为孩子比其他人敏感，不代表他"无能"**，找到合理的方法疏导自己的恐怖情绪即可，不要给自己错误的评判，否则症状只会越来越重。

● 让孩子接纳自己是一个不善交际的人

每一个人都有自己擅长的优势领域，有的人社交能力突出，有的人则一般。当孩子性格中有胆小、怯懦、害羞时，告诉孩子无须掩饰，个人有个人的活法，"龙生九子，各有不同"，不要苛求为难自己，勉强自己去变成另一

个人，只会平添自己的痛苦，接纳自己是一个不善交际的人又何妨？

● 把注意力放在社交的内容上面

尽管孩子紧张、不安、恐惧，但是他们还是需要进行日常社交，这时候该怎么疏导自己的负面情绪呢？记住一点就好：**把注意力放在对方和内容上**。之所以人的情绪会放大，是因为我们给予情绪太多的关注，越是想着自己害怕，就越是害怕。这时候不妨把注意力集中到对方和内容上来，比如对方说了什么，穿了什么，让自己的紧张情绪不被人为地放大。

另外，家长要告诉孩子，其实没有多少人会真正去注意他的紧张情绪，只有他自己特别关注而已。不信可以事后问问自己的好朋友，看他们有没有很在意自己的行为、言语？客观的答案会让孩子逐步放下内心的恐慌，回归到正常的状态。

● 有条件的孩子可以接受心理治疗

心理治疗不是针对有这方面心理疾病的孩子才做的，心理学最积极的意义在于帮助那些还没有得病的孩子在将来遇到挫折时能够顺利度过。所以，家长先放下抵触、防备心理，鼓励孩子在遇到人际交往困难的时候寻找心理咨询师，让孩子的心理得到最好的照顾。

心理小课堂

DSM-Ⅳ是美国经过14年的筹备于2013年5月美国精神医学学会推出的美国精神障碍分类与诊断标准。DSM-Ⅳ鉴别诊断指南简明扼要，包含所有精神疾病的诊断和鉴别诊断，是较权威的精神疾病分类和诊断标准。我国现用的诊断标准，当初就是参照DSM-Ⅳ制定的。

6.人际交往的黄金法则：换位思考，理解他人

"换位思考，理解他人"，看似老生常谈的一个观点，在人际交往中却是"黄金法则"。为什么呢？因为人都有被理解的需求。**在马斯洛的需求层次理论中，"被理解"一项就能促进几乎所有层次需求被更好地满足。**所以换位思考、理解他人是人际交往的重中之重。

禅宗里面有这样一则脍炙人口的小故事：

有两个小和尚平常就爱抬杠，有一天，两人又为了一点小事争论起来，愈说愈大声，最后吵得面红耳赤，谁也不服谁。

第一个小和尚气冲冲地跑去找师父评理。师父很有耐心听完小和尚的诉说，淡淡地说："你是对的。"

有师父这句话，第一个小和尚得意扬扬回房去了。

不久，第二个小和尚也气冲冲地跑去找师父评理。师父也很有耐心听完他的说明，照样淡淡地说："你是对的。"

第二个小和尚也高兴地回房去。

这时，一直在旁服侍老和尚的第三个小和尚忍不住开口说："师父，您平常教导我们待人要诚实，万万不可做违心之论，可是我刚才亲耳听见您跟两位师弟都说对，恕我冒犯，您这样岂非在做违心之论呢？"

师父对第三个小和尚的质疑，非但不生气，反而和颜悦色地说："你是对的。"

第三个和尚入门较久，也比较有慧根，听师父这么说，立刻开悟，跪谢师父。

孩子在人际交往的过程中会遇到形形色色的人，有时候也会把一些趣事、苦恼说给家长听。这时候家长可以着重引导孩子去理解他人，去学着设身处地、站在他人的角度考虑问题。

● **理解他人不等于完全赞同他人**

理解与赞同有着微妙的联系，却不是一回事儿，孩子有时候会捋不清两者的关系，容易走入思维的"死胡同"。

小昭今年初二，成绩不错，能歌善舞，在班级里担任文娱委员。这天，她在团体治疗时说了一件最近发生的事情：

学校要举办新年晚会，小昭和班长、其他班干部一起负责节目的排演。这天是星期天，所有班干部都牺牲了休息时间，来学校为新年晚会的节目做准备。小昭正在修改一段相声的台词，班长这时候居然站起来说："我和朋友约了吃饭，你们先弄吧！"然后就走了。小昭心里非常生气，觉得既然是班长就应该起带头的作用，居然把他们晾在一边自己出去陪朋友吃饭了！

团体治疗中的其他成员，有的赞成小昭，有的则劝小昭："要理解班长。"

小昭听到劝说，像被点着的炮仗，怒气一下子起来了："怎么理解！他这么做难道是对的吗？不是说做人要有责任感吗？他自己跑出去玩，留下我们准备节目，回头节目表演得好他还是最大的功劳！"

理解他人不代表承认他人所作所为就是全部正确的，这是很多孩子在处理人际关系时容易走进的误区。理解是一种设身处地站在他人角度看问题的态度，并不是要求孩子完全赞同他人的行为和观点。如果孩子能够意识到一点，就不会怨恨、不满，并且会深入去思考对方为什么会这么做？对方是什么性格？对方这么做有没有其他苦衷等。在深入思考的过程中，孩子也就学会了真正的理解，学会了包容和爱。

● **理解他人的实质是弹性的思维方式**

每个人的成长环境、经历、见识等可能会有类似，但不可能完全相同。所以他人的所作所为、所思所想我们有时候会无法立刻全部体会，下意识就是认为对方是错，我们是对。如果能够尝试换位思考，尝试着去理解他人，其实就是在用另一个人的思维方式去对待生活的考验，简言之，**理解他人就是丰富我们的思维方式，让思维更有弹性。**

一天，一位年轻的犹太妈妈带着儿子去拜访朋友。

在公共汽车上，一位背着大包的青年挤进了车厢，妈妈被大包撞到了一边。

儿子关切地问："妈妈，你没事吧？"同时，他恼怒地看了那位青年一眼，喊了一句："太没礼貌了！"

年轻的妈妈看着儿子，说道："这位叔叔不是故意的，也许是因为太着急了。"这时，那位青年也连连向妈妈道歉，说自己第一次进城坐车，有点慌。儿子听到这些，惭愧地低下了头。

人们经常在生活中会遇到类似故事中的事，比如下楼梯被人撞了一下，排队被人插队等。我们第一个思维认知可能是"这人真没礼貌，没素质"，然后就容易生气，耿耿于怀，觉得自己的正当权益被侵犯，甚至与人起冲突。但如果当事人能从他人的角度来考虑问题，想一想对方是不是有可能别有苦衷，也许当事人的情绪就能缓和很多。这不是阿Q精神或者自我安慰、懦弱，而是一种深入的体察与思考，毕竟我们考虑的事情并不是全无可能，只是想到了事情更多的可能性，我们的思维更有弹性而已。

心理小课堂

马斯洛把需求分成生理需求、安全需求、爱和归属感、尊重和自我实现五类，依次由较低层次到较高层次排列。一般来说，人某一层次的需要相对满足了，就会向高一层次发展，追求更高一层次的需要就成为驱使行为的动力。相应地，获得基本满足的需要就不再是一股激励力量，而"获得他人的理解"能促进几乎所有层次需求被更好地满足。

7. 感恩是智慧的处世哲学

"感恩"一词最初的起源可以追溯到美国历史的开端。1620年，著名的"五月花"号船满载不堪忍受英国宗教迫害的清教徒102人到达美洲。他们遇到了难以想象的困难，处在饥寒交迫之中，冬天过去时，活下来的移民只有50来人。这时，心地善良的印第安人给移民送来了生活必需品，还特地派人教他们怎样狩猎、捕鱼和种植玉米、南瓜。在印第安人的帮助下，移民们终于获得了丰收。在欢庆丰收的日子，按照宗教传统习俗，移民规定了感谢上帝的日子，并决定为感谢印第安人的真诚帮助，邀请他们一同庆祝节日。这就是第一个感恩节。1863年，林肯总统宣布感恩节为全国性节日，每逢感恩节这一天，美国举国上下热闹非常。城乡市镇到处举行化装游行、戏剧表演和体育比赛等，学校和商店也都按规定放假休息。孩子们还模仿当年印第安人的模样穿上离奇古怪的服装，画上脸谱或戴上面具到街上唱歌、吹喇叭。

中国虽然没有感恩节，但是感恩之心也是自古有之，"滴水之恩定当涌泉相报""衔环结草以恩报德"等，都是感恩之举的写照。感恩就是带着一颗真诚的心去报答感谢别人，是在别人对你进行帮助后你给予的回报。它是一种处世哲学，也是生活中的大智慧。家长在引导孩子为人处世的时候，要有意识地强化孩子的感恩之心。

● 父母要做孩子的榜样

父母是孩子最好的老师，身为家长，能给孩子做好感恩榜样吗？下面是麦卡洛和埃蒙斯两位研究感恩的大师所设计的"感恩测验"，家长可以测一测自己的感恩分数。

请用下面的数字表达出你对每个句子的赞同程度。1=非常不同意；2=不同意；3=有一点不同意；4=中立；5=有一点同意；6=同意；7=非常同意。

（　　）1.我生命中有许多值得感谢的事。

（　　）2.如果要我列出值得感谢的每件事，这张单子会很长。

（　　）3.我看不到这世界有什么值得感谢的事情。

（　　）4.我对很多人都很感激。

（　　）5.我年纪越大，越感到生命中有许多人、事、物对我有帮助，他们都成为我生命历程的一部分。

（　　）6.要经过很长一段时间，我才会对某人或某事产生感激之情。

计分方式：

1.请将第1、2、4、5题的分数加起来。

2.颠倒第3题和第6题的分数，也就是如果你填7就把它改成1，如果你填6就改成2，以此类推。

3.把改后的第3题和第6题的分数加到第1步的总和中，这就是你的感恩测验分数。

你的分数应为6～42。如果分数为35分以下，你的感恩指标就处于后四分之一；如果分数为36～38，你的感恩指标就处于后二分之一；如果分数为39-41，你的感恩指标就处于前四分之一内；如果你得到42分，你的感恩指标就处于前八分之一的行列了。

家长可以先看看自己的分数，如果感恩分数较高，孩子自然会言传身教，继续保持就可以；如果自己的感恩分数还有待提高，那么家长可以采取下面的方法进行提升，这些练习可以和孩子一起做。

● 关于"感恩"的练习

第一个练习：家长和孩子可以一起坐下来，找一个对自己生命造成重要影响的人，这个人家长可以不告诉孩子，孩子也可以不告诉家长，写的内容也可以不告诉对方，家长要做的是陪伴孩子一起，让孩子看到自己在做。注意，这个人选不可以是刚刚认识的恋人，或者未来对自己有好处的人。找到这个人之后，静静地安下心来，写一段感恩的话，也许一开始只能写一小段，但是没关系，可以分几次写，几天写，尽量细致地回忆你们之间发生的事情，越多越好。写完之后，在某一天，打电话给这个人，或者约他见面，然后把你写的内容朗读给他听。

第二个练习：家长可以和孩子一起养成一个习惯——每天入睡前花5分钟回忆当天发生的事情，把它写下来，然后另起一个自然段，写下今天你经历的"三件好事"。这些好事可以是些小事，如你中午吃的美食，在街上看到的有魅力的人，听到的一首老歌；有时候也可以是大事，如你完成了一个任务，得到了一笔奖金等，小事情和大事情一样有效果。写完后，你可以伴随着对这些美好体验的关注进入梦乡。

最好两个练习同时都做，然后在半个月后再做一次感恩测试，观察自己的感恩测验分数的变化，你会发现，也许练习的效果出乎你的想象。如果这个方法有效，请将它一直保持下去。

心理小课堂

"感恩之心是我们活着的依据。理所当然的态度是一种麻木的态度，而麻木无异于死亡。""感恩"是"理所当然"的对立面，我们应该保持感恩之心来对待他人，这会让我们活得更积极，更幸福，它是一种智慧的处世哲学。

8.宽容会带来"双赢"的局面

宽容是一种良好的处世心态，这一点不用过多来描述，为什么人们很多时候做不到宽容呢？也许宽容是对作恶之人的仁慈，对受害者的伤害；宽容阻止了我们"报复"，而对方受到报复是理所应当的等。这类的理由很多，似乎每一个都很有道理，所以人们很难做到宽容。如果想得再深层一点，种种理由其实都可以最终归为一点：**不宽容对方其实是人的本能，是写在人类基因当中的特点之一**。人类要想生存下来，就必须记住很多带有抗争特点的情绪和记忆，以防止自己再次陷入被动的局面。所以我们想要不去怨恨、不去记仇是需要经过一番心理斗争的，因为我们很自然地就会记住它们。但**如果人一旦做到宽容，从某个层面上来说，其实是战胜了人性**。

● 宽容使我们心灵自由

选择宽容或不宽容对方，没有对错，这取决于人各自的价值观。青春期正是孩子们价值观形成的关键时期，这个时期如果能让孩子学会宽容对人，他们以后的幸福指数会更高。为什么这么说呢？因为宽容是唯一一种可以在不改变记忆的情况下，化解伤痛和仇恨的方式。

唐英今年14岁，已经持续进行心理治疗一段时间了。人际关系一直是她的困扰，今天她对心理咨询师说：

"我无意中听见好朋友林林在和其他人说我的坏话，说我被选为副班长'有猫腻'！我很震惊，这根本是无中生有，我一向把林林视为知己，没想到他背后会这么对我！放学的时候，林林照旧和我一起走，说想上我家和我一起写作业。我拒绝了他，并且一路上没有和他说话。我该和林林摊牌，大吵一架，还是该原谅他？和他摊牌、争吵的话，朋友肯定是做不成了，可是就这么原谅他，我又不甘心……真让人为难。"

类似的困扰很多孩子都会遇到，家长如果让孩子直接忘却或者压抑这些不好的记忆和情绪，反而会导致反作用，使孩子不停地去加深它们。这时候如果能引导孩子换个角度看：**对方做错了，我们的不原谅并不能伤害他们，但宽容能使自己的心灵获得自由。**如果孩子能从这个角度理解，那么看看孩子们是否愿意宽容对方？

● 宽容有时比惩罚更有效

著名教育家苏霍姆林斯基有句名言："有时宽容引起的道德震动，比惩罚更强烈！"这样的例子不胜枚举。

桐城乃安徽历史文化名城，系"桐城派"文化的发祥地，文人辈出，享有中国"文都"之美誉。桐城市的名胜古迹之一六尺巷已收入《中国名胜词典》。说起"六尺巷"的由来，还有一段脍炙人口的佳话。

清代桐城人张英、张廷玉父子从政于康熙、雍正、乾隆，可谓三朝为官，人称父子双宰相，"六尺巷"说的就是老宰相张英的故事。

康熙年间，宰相张英的老家在桐城，他在老家的府第与吴宅为邻。有一年，吴家建房子时占据张家的空地，张家不服，双方发生了纠纷，互不相让，于是告到了县衙门。因为张吴两家都是显贵望族，县官左右为难，迟迟不能判决。张英家人见有理难争，就写信向张英告知此事，想让宰相给家中撑腰。张英看完家书后，并不赞成家人为争夺地界而惊动官府的行为，于是便提笔在家书上批诗四句："一纸书来只为墙，让他三尺又何妨，长城万里今犹在，不见当年秦始皇"。寥寥数语，寓意深长。张家接到书信后，深感愧疚，便毫不迟疑地让出了三尺地基。吴家见状，觉得张家有权有势，却不仗势欺人，被"宰相肚里能撑船"的大度所感动，于是也效仿张家向后退让了三尺地基,便形成一条六尺宽的巷道,被乡里人称之为"六尺巷"。

一封家书,化解了两家的邻里之争,张吴两家的礼让之举也成为几百年来的美谈。现六尺巷旁有一牌坊,牌坊上有四个正楷大字"懿德流芳"正是对张英宰相谦让美德的最佳褒扬。

"六尺巷"的故事虽小,却意味深长。一方宽容忍让,对方反而受教了,这不就是宽容引起的道德震动吗?所以,从这个角度来看,可以引导孩子认识到:宽容对方,如果对方不领情,那么至少自己获得了心灵的自由;如果对方受教了,那么两人的关系便能继续良好地保持下去,宽容会给人带来"双赢"的局面。

心理小课堂

从心理学角度来讲,宽容并不是为了得到他人的美誉,而是为了获得自己心灵的自由。愤怒与仇恨越少,内心的自由就越多,因为这时候我们的心绪将不被他人左右。

9. 如何面对不诚信的朋友

什么是诚信？从字面意思看，诚，即真诚、诚实；信，即守承诺、讲信用。结合起来解释，诚信的基本含义就是真诚待人，信守承诺。人生活在社会中，总要与他人发生关系，诚信在种种"关系"中就是极为重要的。哲人的"人而无信，不知其可也"，诗人的"三杯吐然诺，五岳倒为轻"，民间的"一言既出，驷马难追"都是在说诚信之于人际关系的重要。而在实际生活中，人难免遇到失信的情况，当遇到别人不诚信对待我们的时候，我们怎么办？

卡卡是女孩，13岁，今年初一，她与最好的闺蜜最近发生了一次争吵，来医院复诊的时候，她对笔者说了事情的原委：

那天卡卡本来是约好了闺蜜小菊一起去滑雪，这是她们两个人的周末之旅。卡卡订好了宾馆，订好了滑雪场，查好了路线，可以说每一件事情都计划好了。妈妈还特意去买了卡卡喜欢吃的东西。但就在周五，她们准备出发的前一天，小菊说她不去了，她妈妈生病了，要在家照顾妈妈。卡卡很失望，但这并不是她们吵架的原因，因为她并没有责怪小菊，她知道事发突然，小菊也是没有办法，反而让小菊好好照顾妈妈。

让卡卡和小菊争吵的原因是，周末过后，有一个同学告诉卡卡，说在商场看到了小菊，她和她妈妈正在逛街，她妈妈一点都没有生病的样子。卡卡听了顿时非常生气，立即冲过去质问小菊。

"你这个大骗子！"卡卡气冲冲地对小菊说。

"我怎么了？"小菊被卡卡吓了一跳，疑惑地说。

"你说你妈妈生病了，不能跟我去滑雪，其实你妈妈根本就没有生病，周末还和你一起逛街去了，都有人看见了！"卡卡直截了当地说出了这件事情。

"这个……真是对不起，我很抱歉……"小菊结结巴巴地解释，"我不

是故意骗你的……"

"骗了就是骗了,找什么借口!你这样对我,以后我再也不邀请你出去玩了,下一次,我会找一个能信守承诺的人一起出去!"卡卡说完气冲冲地就走了。

卡卡和小菊之间遇到了"信任危机"。在遇到小菊不诚信对待自己的时候,卡卡选择了立即正面冲突,这样做的好处是立即释放了自己的负面情绪,坏处是卡卡仍然没有弄清楚小菊为什么不诚信守约,这对一段人际关系是没有任何益处的。

● 孩子的三种基本态度

在遭遇对方的不诚信之后,人一般会有三种反应态度:

第一,立即正面冲突。如同上面案例中的卡卡一样,有的孩子不愿意也控制不了自己的情绪,立即就会去质问当事人,发泄自己的情绪。

第二,去寻找"隐情"。每一个行为背后一定有原因,对方愿意背上

"不诚信"的标签,原因是什么?有的孩子会深入思考,去和对方求证是否有隐情,很多时候孩子知道了原因,情绪就会大有不同。

第三,被动性接受。有的孩子既不会去质问,也不会去询问隐情,只是在心底让不良情绪默默发酵,心理学上称这种状态为被动性接受。

这三种态度之间彼此也会转化,比如一开始孩子会被动性接受,后来"越想越生气",于是就变成了第一种立即去找对方正面冲突。**无论孩子是何种态度,家长引导孩子寻找有没有隐情是必须要做的**,这不仅仅是处理好事情、维护良好人际关系的基础,也是保护自己不受负面情绪伤害的重要环节。

● 善意的谎言怎么应对

在我们寻找隐情的时候,可能会遇到一种特殊的谎言,即善意的谎言,那么孩子们该如何对待呢?这确实是一个两难的选择。在孩子的课本里有许多关于善意谎言的文章,《唯一的听众》里面那个说自己是聋子的音乐系教授,她的谎言该被批评吗?《别饿坏了那匹马》里面的残疾青年谎称自己家中有马,买下了作者的马草,让身无分文的作者可以有书可读,他的谎言该被批判吗?家长可以先听听孩子的看法,这些看法没有绝对的对与错,却可以启发孩子去思考,帮助孩子的心灵逐渐走向成熟。

心理小课堂

孔子说"人而无信,不知其可也",信用是一种无形的力量,一种无形的财富,也是连接友谊的无形纽带。与人相处要以诚信为本,但当遇到对方是一个"不诚信"的人的时候,如何应对也是一种智慧。

10. 学会和朋友"谈判"

假如孩子与朋友在一起决定一件事情，如果对方不同意孩子的想法，或者对方有不同的目标，孩子会怎么处理呢？提出这个问题的时候，你一定在思考自己的孩子有没有这种时候，相信一定有，说不定天天都有，比如"要不要一起去厕所""我们放学后去玩什么"等，继续深入观察，就会发现，那些人际关系好的孩子，其实都是"谈判专家"。

芸芸参加人际关系的相关心理治疗已经2个月了。她今年初二，是个比较内向的女孩，和朋友一起的时候总是一个"听话"的角色，朋友们决定怎么做，她就跟着怎么做，即便是自己不愿意。

她的主要困扰在于：如何在拥有良好人际关系的前提下，恰当地表达自己的想法。于是笔者在上次治疗时围绕着如何与人"谈判"进行了一些训练，一周后，她跟我们说起了她的"成功"经历。

"周六，天天（芸芸的好朋友）想找我去看电影，但我想去图书馆还书。如果我去看电影，那么还书就要到下个星期了，按照我以往的做法，我一定会答应天天的，尽管看电影不在我的计划内。但是这次不一样了，我按照训练的方法，告诉天天，我想要去还书，她临时约我去看电影，让我的计划必须重新安排，恐怕不一定可以。然后我问了她为什么想去看电影，她说她有特价票可以买。知道了原因后，我对她妥协了，假如是下午2点后的电影我可以去看，因为自己上午想去还书。她没有立刻同意，我问她有什么顾虑，她说下午2点的电影结束后，自己来不及回家，她爸爸妈妈规定她晚饭前必须回家。于是我给出了另一个方案，周日上午看电影，她说考虑一下。'谈判'完成后，我发现她并没有生气，这让我很高兴。"

芸芸按照训练的四个步骤来"谈判"，虽然有些生硬，还不够熟练，但是效果却已经体现。朋友之间相处"有商有量"是常有之事，如何商量却不是人人都懂得的。

● 在合理范围内，让孩子确定想要什么

在开始与人"谈判"之前，要先确定自己的要求是否合理。比如案例中的芸芸，因为好朋友天天没有事先和她约好去看电影，所以她的邀约属于临时邀约，被拒绝是合理的。因此芸芸拒绝她属于合理的范围，只要说明原因，再采用委婉的措辞，比如"我的计划必须重新安排，恐怕不一定可以"，天天就不会有很大的负面情绪。孩子在与人商量的时候，首先要注意这一点，如果自己的要求是合理的，"谈判"才有可能顺利进行，如果自己的要求是无理的，那么通常结果就会不尽如人意。

● 让孩子倾听对方想要什么

在提出自己的想法后，接下来要倾听对方的想法。比如案例的芸芸，她拒绝一起看电影之后，随即问了天天为什么要求去看电影，天天也给出了合理的解释，因为她可以买到特价的电影票。在明白对方的想法后，芸芸就可以思考自己是否要妥协，如果要妥协的话，该怎么调整自己的安排。因此，在"谈判"的时候，千万不要忘了问对方想要什么，知己知彼，可以更有利于孩子做出决定。

● 快速思考妥协方案

所谓"商量"，就是互相妥协的过程，如果有心要继续计划，那么妥协就是必经的一环。案例中的芸芸就处理得很好，她妥协了，可以去看电影，但是给出了自己的时间，并且给了合理的理由："因为上午要去还书，所以可以看下午2点以后的电影"。这就给了对方决定的余地，而自己愿意去看电影的"诚意"也表达了。当告诉对方自己的妥协协议时，可以用"假如……我就愿意……"的方式。这样可以清楚地让对方意识到自己是有条件的妥协，对方可能立即同意，也可能说不行；或者提出其他的妥协方法，孩子就能酌情考虑。

● 妥协不成时提出另一个备选方案

孩子可以想出一个备选方案,在对方不同意自己的妥协协议时提出来,比如案例中的芸芸提出了"周日上午看电影"的方案。这不是必须做的,但是如果准备备选方案,也许事情更有可能获得圆满的解决。

心理小课堂

在孩子的日常人际交往中,维持和谐人际关系的关键之一是要懂得妥协。通过合理的"谈判",这种妥协能够让双方的心理都达到一种平衡,促进人际关系的良性发展。

第七章

和孩子一起成长，
有些特殊的青春期问题值得关注

1. "贪吃"或"不吃"都需引起家长的重视

吃是人与生俱来的本能。刚刚出生的孩子在妈妈的怀里吃到第一口食物的时候，他会感受到极大的快乐。这种快乐会在孩子的脑海中根深蒂固，这会帮助他不断去寻找食物，顺利长大。等孩子到了青春期，十几岁的他们对自己爱吃什么，能吃什么都有了更多的了解，但围绕"吃"产生的困扰也很多，"贪吃"和"不吃"都需要引起家长的重视。

小辛是一名初三的女生，今年15岁，身高1.55米，体重高达170斤，体态肥胖。走进诊室的时候她非常害羞，不怎么开口说话。妈妈介绍，她从小就非常爱吃，小学阶段还好，可进了初中以后，就像得了一种"怪病"一样，只要一有空她就想吃，吃饱还想吃，总是控制不住自己。一开始家里以为是青春期需要发育的缘故，可是后来看着她太胖了，觉得不是这个原因，至少不仅仅是青春期发育的原因。小辛也知道自己太胖了，尝试过减肥，但节食两三天后又忍不住开始大吃大喝起来。

乐乐今年高一，谈了一个男朋友，没谈几个月就分手了，乐乐情绪低落，茶不思饭不想，觉得男友离开自己一定是因为自己的身材。乐乐身高1.68米，体重118斤。这个体重其实并不算胖，但她认为自己"太胖了"，下决心减到100斤以下。于是开始有意识地节食，每次吃饭都计算吃了多少热量，然后盘算着热量如何消耗掉。她每天疯狂运动，无数次地称体重。如果体重不达标或者当天的热量消耗不了就强迫自己呕吐，吐不出来就抠喉催吐，反正不能让多余的食物残存在自己体内。2个月下来，乐乐瘦了12.7公斤，体重顺利下降到100斤以下。可是乐乐没高兴几天，因为她发现自己想吃也吃不进去东西了，并且开始情绪不稳定，失眠，内分泌紊乱，体重持续下降。

一份研究结果显示，人无节制地贪吃不是因饥饿所致，而是为了寻求生理上的愉悦和心理上的满足感，而针对吃不进去东西，体重持续下降的情况，就要考虑神经性厌食的可能性。

● 肥胖的原因

青春期肥胖有两类原因：

第一，生理原因。生理原因包括三个方面：①青春期的过食性肥胖，处在青春发育期的孩子胃肠功能很好，如果家人一日三餐给予孩子过多的高能量食品，孩子就容易发胖。一般体重超标10%为超重，超20%为轻度肥胖，超30%为中度肥胖，超50%为重度肥胖；②内分泌紊乱造成的肥胖，由于性激素的分泌可能造成新陈代谢的紊乱，另外生活无规律，比如熬夜，睡懒觉，缺乏锻炼等，都会造成内分泌紊乱从而导致肥胖，这都是肥胖需要考虑的原因之一；③外源性激素的原因造成的肥胖，所谓外源性激素就是指一些营养品、保健品、垃圾食物等，处在青春期的孩子如果经常进补或者吃一些激素含量高的食品，就会带来肥胖的烦恼。

第二，心理原因。心理原因主要考虑食物成瘾的问题。明知后果很严重，却无法抑制某种行为，就是成瘾表现。不能控制的"贪吃"不仅仅会造成肥胖，还会对人的心理产生影响。美国佛罗里达大学精神病学系教授刘一军做过一个实验，他在实验室里给小鼠提供了甜味自助大餐，让小白鼠们放开吃。结果发现，小鼠无节制地的依赖就像酗酒者对酒精依赖一样，不给它们吃，它们就会产生一些精神上或者心理上的问题。所以，贪吃造成食物成瘾，而食物成瘾之后，

孩子自然就控制不住要吃东西，这属于恶性循环。

但是家长也不必草木皆兵，"食物成瘾"有一定的标准，不是所有肥胖的人都是"食物成瘾"的。首先必须身体质量指数（BMI）大于28，其次必须同时满足吃东西停不下来和停止吃东西就感到不舒服两个条件。如果孩子真的出现"食物成瘾"的症状，家长一定要引起重视，带孩子及时就医。

● 烦恼的"瘦子"

有人为胖烦恼，有人为瘦烦恼。神经性厌食症大多起病于未成年，他们严格控制饮食，还会过度运动、催吐等。这都是为了减轻体重，保持身材，直到体重降低了很多，甚至"瘦骨嶙峋"却仍然不能进食。对他们来说，食物就像"毒药"一样，其实他们都是进食障碍患者。

一项调查数据发现，对于患有进食障碍的年轻女性（15到24岁），死于厌食症及其并发症的概率是其他死因的12倍。这个数据表明，**厌食问题的背后，可能是自我认同的问题**。一个人因为不能认同自己的身体，无法理解自己青春期的变化，不接受真实的自己，就会开始克制自己正常的生理需要，塑造"完美"的自我，极有可能陷入进食障碍的泥沼。所以，对于孩子的"不吃"，家长也要给予重视。

心理小课堂

BMI是国际上常用的衡量人体肥胖程度和是否健康的重要标准，主要用于统计分析。肥胖程度的判断不能采用体重的绝对值，它与身高有关。因此，BMI通过人体体重和身高两个数值获得相对客观的参数，并用这个参数所处范围衡量身体质量。体重指数BMI=体重/身高的平方（国际单位kg/m^2）。

2.孩子睡眠问题的原因

睡眠是一种在哺乳动物、鸟类和鱼类等生物中普遍存在的自然休息状态。它是一种生理需求，是一种自发、可逆的周期性状态。它对于一个人来说很重要，规律的睡眠是生存的前提，从睡眠中醒过来是一种保护机制，也是健康和生存的必须。如果长期睡眠不好，容易导致注意力不集中、记忆力下降、决策异常等症状，也会引起一定程度的焦虑、抑郁。据一项调查显示，我国成年人失眠的发生率高达38.2%。虽然这不是未成年人的数据，但是具有参考意义，很多青春期孩子也被睡眠问题所困扰。

走入诊室的是一位家长，她是代替孩子来问诊的。她的女儿今年高一，性格比较要强，学习成绩一直不错，在班级、学校都担任着班干部、学生会的职务。在孩子的成长过程中，她绝大部分时候是快乐、阳光的，可是进入高一以后，就出现了明显的睡眠问题。她晚上睡觉总是睡不着，睡着了也很容易醒，每次入睡都担心自己今晚的睡眠状态，用妈妈的原话就是"睡不好她自己就闹心，越闹心她越睡不好"。睡眠问题导致孩子白天精力不集中，学习成绩下滑，家人和她自己都非常担心。

一般来说，睡眠不好只是一个症状而不是疾病。就像流鼻涕只是一种症状，原因可能是病毒性感冒、鼻炎等。只有知道了病因，才谈得上对睡眠问题的诊断和治疗。就睡眠问题而言，青春期孩子的生理原因、情感原因、焦虑抑郁情绪、压力大、不良生活习惯、入睡环境差等都是需要考虑的。

● 青春期的生理原因

孩子进入青春期，身体会进入一个加速发育的过程。而心理的发育往往和生理的发育不同步，于是孩子就容易出现很多心理问题。比如易敏感、易激惹，对自我的怀疑、否定，对他人的不合作等，这些心理上的原因都有可能会影响睡眠。家长要引导孩子多和人沟通交流，不要给孩子施加压力，重视孩子的兴趣爱好，陪伴孩子多参加一些娱乐活动，改善孩子的状态，必要时及时就医。

● 心理上的一些原因

生理和心理密不可分，单就心理上而言，一些抑郁、焦虑等心理原因都有可能引起睡眠问题。家长不用草木皆兵，需要带孩子做基本的心理筛查才能确定孩子的睡眠问题是否由心理原因引起。在没有确定之前，家长不宜急着给孩子"贴标签"，容易引起孩子的负面关注。可以尝试从下面一些方面改善孩子的睡眠情况，观察是否会有改善。

第一，给孩子创造良好的睡眠环境。如保持卧室清洁、安静、远离噪音、避开光线刺激等，温度、湿度保持舒适，床垫、枕头等根据孩子的舒适度进行调整，这些对于孩子的睡眠有促进作用。

第二,睡眠准备做充分。如睡觉前不喝茶、不饮酒、不喝咖啡,可以在睡前半小时洗热水澡、泡脚、喝杯牛奶等,但要注意避免剧烈的体育运动。有人认为睡前运动能够消耗体力,利于睡觉,但睡前半小时以内的剧烈运动虽然会让身体疲劳,但是精神却会保持亢奋,并不有利于睡眠。

第三,建立有规律的生活制度,保持正常睡眠节律。孩子如果晚上睡得晚,家长通常会让孩子"补觉",比如早晨让孩子多睡一会儿,或者中午让孩子睡个午觉等。如果孩子真的有睡眠问题,那么保持规律生活是非常重要的,家长可以和孩子商定好睡觉、起床的时间,不宜随便"补觉"。比如晚上22点上床睡觉,早晨6点起床,即便晚上很难入睡,早晨也应按时起床,家长可以调整入睡时间,但是起床时间不宜有变化,这对形成正常的睡眠节律很重要。

心理小课堂

为唤起全民对睡眠重要性的认识,国际精神卫生组织主办的全球睡眠和健康计划于2001年发起了一项全球性的活动,将每年的3月21日,即春季的第一天定为"世界睡眠日",2003年中国睡眠研究会把"世界睡眠日"正式引入中国。

3.青春期性教育的几点思考

孩子进入青春期以后,不可避免会有一些关于性的困惑。这些困惑会让人感到新奇,也会让人有不安与紧张。家长作为一名陪伴者、教育者,如何进行青春期性教育,帮助孩子顺利度过青春期呢?下面的建议也许对你有用。

● 可以不主动谈起"性",但是不能回避"性"

父母是孩子性教育的启蒙老师,但是中国传统文化的影响决定了许多家长可能羞于和孩子谈"性"。这一点不必强求,因为孩子有多种渠道去了解。但是如果在生活中孩子主动问起,或者正好遇到了有关"性"的话题,家长也不要回避,可以大方与孩子谈论,很可能家长的一句话会把孩子"拉"回正途。

诊室曾接诊过一名"同性恋"男孩小俊,15岁,之所以打引号,是因为小俊曾经认为自己是"同性恋",但其实后来他意识到自己不是。一次,小俊和同学一起看色情电影,恰好是一部男同性恋影片,电影里面的某些镜头让小俊和朋友们感觉很新鲜,但是他们不敢向家里人询问。看完影片后小俊决定照着录像上的动作和同伴一起玩一玩,体验到的快感让小俊觉得自己就是一个"同性恋"。

后来,一次机缘巧合,小俊和爸爸妈妈一起看电视,看到了一些同性恋的镜头。小俊不好意思地把眼神望向别处,小俊的父母并没有刻意地换台,而是就着电影的镜头谈起了性取向的问题。父亲说:"现在是性取向多元化的时代,同性恋和异性恋一样应该被尊重。"小俊听到这里心里一暖,父亲接着说:"有些人认为自己是同性恋,但其实不是,同性性行为有时候只是一种性取向的探索,所以在青春期很多孩子不必要立刻给自己戴上同性恋的帽子,不妨慢慢探索看看。"

小俊脑子里突然"灵光"一闪,原来还有这种可能性!于是后来他自己阅读了很多书籍,甚至去参加了相关的夏令营,解开了同性恋和异性恋的面纱,这才明白,原来自己是异性恋,并非同性恋。

父亲无意的一句话引起了孩子的思考,甚至可以说改变了孩子的一生。但假如这个父亲回避了电视里的镜头,不和孩子发表自己的看法呢?也许事情就会向另外的方面发展了。所以,在面对一些有关"性"的话题时,家长不要回避,自己的一些见解和看法也许会帮助到孩子。

● 不论以何种方式,性教育应该落实到生活

现在大多数学校已经开展了性教育,但是不可能解开每一个孩子对性知识的疑惑,所以家长可以用多种方式展开性教育,将性教育真正落实。

(1)观看一些性教育影片。家长可以有选择性地把性教育片给孩子看,弥补孩子性知识的不足;

(2)家长可以给孩子报名参加性教育的夏令营,这些夏令营有孩子的同龄人,家长也可以陪伴入营,帮助孩子学习正确的性知识,自己也可以知道一些性教育的方式方法;

(3)一般来说青春期性教育工作会在学校系统地展开,家长可以积极关注,配合学校对孩子进行适时的教育。

不管用何种方式,家长要有意识地把性教育落实到生活,帮助孩子顺利度过青春期。

心理小课堂

青春期性教育可以促进孩子对于性知识的理解,帮助孩子对自己的性发育采取科学的态度,并且对健康的性行为有正确的认识。

4. 孩子离家出走的背后

近年来，青少年离家出走的现象时有发生，且呈不断上升之势。据一份调查表明，有过出走史的男生为6.6%，女生为2.9%；有过出走念头并且做好了准备但最终未能实现者，男生占25%，女生占14%。那么，孩子为什么会选择离家出走呢？

离家出走的直接原因很多，如父母的责备、同学的嘲笑甚至是网恋等，都可导致孩子选择这条路。但无论何种直接诱因，这种行为背后内心深层次的原因是有共性的：**离家出走的孩子中很多是缺乏安全感的，在处理问题时缺乏弹性，自我协调能力欠佳。**

嘉嘉今年上初二，在一次数学小测验中，他得了70分。爸爸对这个成绩非常不满，不容他解释，就大声叫骂着，用皮带把他打了一顿。皮带上的铁扣把嘉嘉的小腿划开一个一寸长的伤口，而事后爸爸也未对伤口做出任何处理。其实，那天嘉嘉考试的时候正好患了感冒，头昏沉沉的，而且试题偏难，班上同学那一次考试有一半都在70分以下！

嘉嘉的伤口一直在疼，他越想越伤心，可是没有人能够理解他，没有人愿意听他诉说内心的无助和痛苦。爸爸在客厅着迷地看着球赛，时不时大叫着"好球"，这让嘉嘉更难过了！这时，嘉嘉想起慈祥的姥姥，于是拿出自己攒的零花钱，趁爸爸不注意离家出走，一个人去千里之外的老家找姥姥。

在父亲报警和多方寻找之后，嘉嘉回到了自己家。可是打那以后，嘉嘉就拒绝和父亲说话，每天只打电话跟姥姥说自己的快乐与烦恼，与父亲的距离越来越远，甚至连"爸爸"都不愿意叫，父亲一训斥他他就离家出走。面对这样的儿子，父亲实在没有办法，带着嘉嘉来医院寻求帮助。

笔者了解情况后给嘉嘉开始心理治疗，治疗过程非常不顺利。嘉嘉以各种理由企图中断治疗，比如学习太忙没有时间、家里经济负担不起、没有疗效等。但是我们知道这些都是借口，他念的是国际学校，学习压力并不算大；家里经济状况优越，父母的生意做得很好；而治疗效果也受到父母的肯定。笔者主动联系他，鼓励他继续治疗，这样持续了大概一年时间，嘉嘉仍然处于"挣扎"状态，半推半就地持续着。到了第二年，心理治疗取得了很大的进展，改变的契机在于"一幅画"。

嘉嘉说他喜欢画画，尤其喜欢梵高的作品。一次他看到了梵高的"夜晚露天咖啡座"，画中被灯光照成黄色的咖啡座和蓝色星空的对比让整幅画都透露出一种平和的美，让他的心静了下来，他决定自己尝试着临摹一幅。

笔者听到后"灵光一闪"，立刻问他是否愿意让我们看一看他的临摹？他支支吾吾，想拒绝，最终同意了。可是随后的几周，他总是忘记带来，笔者直截了当地告诉他："你这样不想让人看到你的作品，是不信任我们的表现。你在担心什么？"这个口子一撕开，嘉嘉的心理防线开始撤退，他说，他怕我们批评他的画作，也怕我们违心地赞美他的画作。我们聊了很多，嘉嘉慢慢发现自己的应对模式很多都是基于这一点：怕被伤害就拒绝亲近别人，逼急了就开始做极端的处理，多次离家出走也同样因为如此。这当然和父亲的教养方式有关，但是意识到这一点已经是不容易，改变也指日可待。

对于成人来说，孩子是弱者，父母的教养方式他没有选择的权利，许多时候只能独自忍受痛苦，从而导致心理上逐渐出现各种不健康的状态。案例中的嘉嘉幸运的是有一个爱他的姥姥。在他心里姥姥是值得信赖的，是不会让他受到伤害的，所以在他离家出走的时候并没有"误入歧途"，而是一心奔着姥姥去。而嘉嘉的父亲是一个懂得知错就改的父亲，尽管中年人改变起来会很难，但他愿意帮助孩子，为孩子付出努力，陪伴孩子坚持治疗。心理咨询师在嘉嘉这个个案中其实担任了"父亲母亲"的角色，对嘉嘉"不抛弃不放弃"，在他多次想中断治疗的时候鼓励他，在他不信任心理咨询师的时候直面问题等，都让嘉嘉从内心建立起了安全感和信任感。引导嘉嘉发现自己是值得被爱的，遇到问题是可以换一个方式来解决的，让他真正地迎来心理的成熟和成长。

● **瓦解孩子的心理防线，全情投入爱孩子**

家长的角色和心理咨询师的角色有时候是非常相似的，都需要聆听孩子的心声，满足他们的需要，而不能盲目地坚守权威，颐指气使。当家长给孩子足够的爱，让孩子感受到了安全和信任，那么孩子的心理防线就会瓦解，离家出走之类的极端行为也会大大减少。

● **家长要自我调整，做出改变**

每一种调整和改变对家长来说都是有"风险"的，比如经常有家长问笔者："如果我不管孩子，他变坏了怎么办？"是啊，**不能保证家长有所改变之后，孩子一定不会"变坏"，但是如果家长不做改变，那么各种极端行为像离家出走、自伤自杀等，都是可以预见的**。所以，在必要的时候，家长要勇于自我调整，做出改变。

心理小课堂

梵高是一个充满传奇色彩的艺术天才，同时也是一个双向情感障碍的患者，他的很多作品都会引起来访者的共鸣。在梵高的传记《渴望生活》里面写尽了梵高的勤奋、坚韧以及他内心的痛苦和挣扎。3月30日是梵高的生日，也是"世界双向情感障碍日"。

5.离婚，要不要对孩子隐瞒？

人生有很多"不得已"，离婚就是其中之一。绝大多数父母结婚之初都希望给孩子一个幸福的家庭，可是有时候却不尽如人意，但事情已然如此，面对孩子，该如何做呢？是隐瞒还是如实相告呢？这是家长必须要做的一道选择题。

这个选择题不像考试中的选择题有对错之分，**这个选择题没有对错之分，每一个选择都会有伤害，家长只能根据孩子的性格特点、接受能力来选择一个相对而言伤害较小的选项**，这就考验到了家长对孩子的了解。

"你们说离就离了，征求过我的意见吗？"

"当初你不是同意的吗？"父母惊讶地问。

"我那是不想你们为难！你们都不了解我，不知道我的想法，当时我想死的心都有！我只想着自己不要成为你们的负担，我要做个懂事的孩子……可是现在你们看看我，懂事孩子的结果就是爹不理，娘不爱！"

这是在诊室外，笔者在走廊里偶尔听到的一段对话。父母的离异及当时父母的处理方式让孩子很受伤。

不能断言离婚了该告诉孩子，还是该隐瞒孩子。因为每一个孩子的性格、态度都不同，每一个家庭的亲子关系状态也不同。所以这个选择到底如何做，主要依据家长对孩子的了解，可以说，这个选择是相对主观的选择。先考虑以下三点，或许有助于选择。

● **了解孩子对婚姻的看法**

找合适的机会，家长可以尝试着问孩子对婚姻的看法。毕竟青春期的孩子有时候想法真的是超乎意料，不是吗？当然，他们说出了自己的想法之后，家长也要"明辨是非"。孩子有时候说的不一定是他的真实想法，不妨多观察、多琢磨，不要着急做出决定。

● 观察孩子的反应和变化

离婚的父母，虽然没有对孩子言明，但是孩子会有所察觉。因为在离婚之前，父母会经过争吵、攻击或者冷漠相处。这时候父母可以把关注点放到孩子身上来，看看他的情绪如何，上学情况如何，孩子的性格、行为有没有变化等，帮助自己做出决定。

● "试离婚"一段时间

家长可以尝试一段时间的"离婚生活"，观察孩子的反应和状态，询问孩子这段时间感觉如何。这也是提前帮孩子做好心理准备，因为所有的"不告诉"只是暂时的，最终孩子还是会知道发生了什么。家长这样做不但可以帮助自己做出决定要不要告诉孩子，同时可以帮助孩子提前适应，避免到时候产生强烈的适应不良。

心理小课堂

凡是生活、学习和工作环境发生了重大改变，个体的心理、行为特征无法适应，出现异常的情况统称为适应不良。轻者造成自我迷茫、困惑、苦闷、烦躁、失眠等；重者容易诱发各种心理障碍和心理疾患。

6.好好和孩子说"我们离婚了"

即使是有充分理由的离婚,也会给孩子带来强烈的刺激,产生不良的后果。而这些不良后果可能会持续一段时间,甚至是很长一段时间。所以,家长所能做的,是尽量好好和孩子说这件事,让这件事的不利影响降到最低。

● 有选择地告诉孩子"真相"

当家长告诉孩子离婚,孩子通常会问的问题是"为什么?"避而不答是不明智的,**家长可以有选择地告诉孩子事情真相,但不论说什么,记住"不要说谎"**。青春期的孩子是一个"小大人",说谎对于他们来说很容易被发现,对父母产生不信任感,没有必要在离婚这样的伤害之后再加上一种。

当然,"有选择地告诉孩子真相"也不是一件易事。有时候甚至是极为复杂和难以处理的,一方面如果说多了担心"祸从口出",让孩子"恨"家长;另一方面家长又不能"隔靴搔痒",不给出真实的理由。所以,家长双方要沟通好,评估孩子对事实的需要,从孩子的个性特征、情感成熟程度以及与父母感情的亲和度等方面为出发点,一起跟孩子好好说,让伤害降到最低。

● 一切以孩子的利益为重

提及离婚,除了要告诉孩子原因,接踵而至的就是"孩子跟谁"的问题,怎样与父母双方用全新的模式相处的问题。此处不讨论法律层面的事,单从心理层面上来说,作为孩子,降生到这个世界上,理应得到父母的关心和爱护。而离异在孩子的概念中可能等于他原本有的爱被无情地剥夺了一

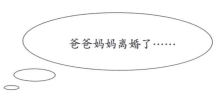

半，甚至一半以上，父母双方谁都不可能再像以前一样全身心地爱他了。面对孩子的这种情况，家长需要注意下面两点。

第一，尊重孩子的选择。青春期的孩子不是小孩子，在跟谁生活、将来怎么相处的问题上，父母完全可以先询问孩子的意见，然后商量着来处理。不要剑拔弩张、横眉怒斥，可以语气平和地和孩子说："父母离异是父母的事情，责任全在父母，和你一点关系都没有，很抱歉让你受到了伤害，现在我们想请你考虑，以后是跟爸爸生活，还是跟妈妈生活？"

尽量让这个决定在家庭范围内做出，不要把事态扩大，否则有可能对孩子的伤害就会扩大。

小尹12岁，父母离婚了，在小尹"跟谁"的问题上父母双方达不成一致，只能对簿公堂。在一次法庭的审决中，离异双方互不相让，都抢着要小尹。小尹看向妈妈，爸爸就说："你忘了爸爸从小背你，让你骑在脖子上？你忘了爸爸大冬天的让你把手放进我的大衣？你怎么忍心……"小尹又看向爸爸，妈妈冷冷地说："别理他那套煽情的说辞，是谁每天管你吃喝拉撒、学习辅导班的？"小尹左右为难，泪如雨下。

当对簿公堂，或者在其他场合（比如七大姑八大姨参加的家族会议），孩子的"伤口"会暴露得更大，更难愈合。家长要信任和尊重孩子的选择，这种信任和尊重会稀释孩子在父母离异这件事情中的痛苦。

第二，进一步消除孩子的疑虑、担忧和恐惧。青春期的孩子除了担心父母对自己的爱、以后和自己的相处方式之外，他们还有很多顾虑，比如怎么和自己的伙伴说这件事，同学们看不起自己怎么办……家长要针对孩子的需要，做一些比较详细的说明和解释，帮助孩子应付类似的场合，教会孩子怎样正确对待各种询问。

心理小课堂

尊重孩子是指在价值、尊严、人格等方面与孩子平等，把孩子作为有思想感情、内心体验、生活追求和独特性与自主性的人去对待，对孩子的现状、价值观、人格和权益无条件接纳、关注和爱护。

7. 出国留学的青春期孩子

青春期遇上留学期是对孩子的双重考验,单就青春期的孩子而言,自身生理心理巨大的变化就已经足够孩子适应一段时间了,而如果此时正值留学期,那么对孩子的挑战性就更大了。

然然和妈妈走进诊室时,两人距离分得很远,然然是在妈妈的一再催促下才进来坐下的。他戴着耳机,低头不理任何人,妈妈对我们表示歉意之后,介绍了大概情况。

然然半年前去美国留学,这几日刚从美国回来,美国学校认为孩子有心理问题,让孩子休学接受心理治疗。半年前,然然是某知名中学的"学霸",爸爸妈妈觉得送孩子出国是一个非常好的机会,于是不顾孩子的意见,毅然决然帮他办理了出国手续。

家里所有的积蓄都用完了,幸好然然的爸爸非常有能力,维持生活没有问题。可是到了国外,然然一反"学霸"常态,在美国的新学校里门门功课不及格。老师让他接受心理辅导,建议然然休学,回国调整。妈妈这才意识到孩子的心理问题,于是把孩子接回国,找到了我们。妈妈伤心地说:"我和他爸爸为了他,倾其所有,这孩子却这么不理解我们……"说着说着就哭了起来,可是一旁的然然无动于衷,全然不顾母亲的情绪。

青春期被送到国外接受教育的孩子,无可避免地会遇到剧烈的文化冲突和青春期心理冲突。如果出国留学并不是孩子意愿的话,冲突会更加剧烈。

● 和谐的家庭关系是出国的基石

和谐的家庭关系是孩子出国留学的基石。案例中然然的家,典型的"一言堂"模式,家长认为孩子什么都不懂,一切都帮孩子做决定,孩子只有

"听"的份。那么孩子到了国外，很可能情况就会超出父母的掌控，给父母"惹麻烦"。

家，应该是一个生动的、有爱的、和谐的系统，每个人在家里"各司其职"的同时，互相关爱，互相扶持，联结紧密又不失自由。尤其当面临孩子是否出国的问题时，家长要充分尊重孩子的意见，如果孩子不能立刻决定，可以带孩子去国外游学，给孩子充分的心理准备时间，让孩子自己做出决定。

● **帮孩子做好出国的心理准备**

如果决定出国，那么家长要提前引导孩子做好下面这些心理准备。

第一，适应问题。孩子出国，绝大多数国家，一定和本国的生活习惯、文化环境有很大的差异，这种时候孩子该怎么办呢？家长要让孩子自己先做好这方面的准备，无论有没有陪读，这种适应问题必须孩子自己去解决，小到吃东西吃不惯，大到在学校被孤立，这些问题都有可能会遇到，在国内先想好应对策略，到了国外万一遇到了也能够沉着应对。

第二，学业问题。无论孩子在国内是不是"学霸"，在国外都需要重新开始。国内外教育模式不同，孩子必然有一段"迷惑"的时间。孩子必须事先预估有一段时间自己的成绩可能不符合自己的预期，这时候应该怎么办呢？这些学习上的问题应该怎么解决？在出国之前，家长可以和孩子一起想办法，找找那些已经在国外适应学习生活的哥哥姐姐，或者询问相关的留学机构等，做到有备无患。

第三，人际关系问题。人是一切社会关系的总和，孩子从自己的社交圈子猛地跳到一个全然陌生的环境里，他的人际关系一定会受到冲击，大多数孩子在最初都会因为交流不畅而难以融入当地的圈子，觉得被排挤，没有归属感。而青春期又是孩子寻找认同感的重要时期，这时候孩子应该怎么办？家长也要引导孩子做好准备。

上面所说的这几点是出国孩子、家长必须做好的"心理功课"。孩子能够安心在国外生活，这些心理准备必不可少。如果万一孩子心理出现了问题，家长要把孩子的学习放一放，毕竟健康是第一位的。

心理小课堂

世界卫生组织（WHO）关于"心理健康"的标准是：有足够的自我安全感；能充分了解自己，并能对自己的能力做出适度的评价；生活理想、切合实际；不脱离周围现实环境；能保持人格的完整与和谐；善于从经验中学习；能保持良好的人际关系；能适度发泄情绪和控制情绪；在符合集体要求的前提下，能有限地发挥个性；在不违背社会规范的前提下恰当地满足个人需求。

8. 留守家乡的青春期孩子

留守家乡的青春期孩子容易产生两种心理问题：一种是从小离开爸爸妈妈留在家里接受隔代教育，青春期出现很多生理、心理上的冲突，然后父母带着孩子来求助；另一种是他们从小跟着爸爸妈妈在城市工作、生活，青春期时候被送回老家，孩子遇到环境突变和青春期适应的双重心理挑战。这两种情况都应该引起重视。

小枣儿今年15岁，最初来到诊室的时候打扮得很"洛丽塔"，长长的卷发低低地挽成一个发髻，齐刘海衬得她的大眼睛特别灵动，一袭粉红的裙子上覆盖着大量的蕾丝，指甲也是精心做过的。她走进诊室的时候让人眼睛一亮，毕竟这种可爱风格在日常生活中很少看到。

也许是看到我们的眼神盯着她看吧，小枣儿还没等我们开口就说："我不是cosplay，我是洛丽塔。"

"呵呵，是吗，那你跟我们说说，两者有什么区别？"我们接口说。

小枣儿很活泼，讲了许多她这种穿衣风格的事，等我们大致明白后，小枣儿就不说话了，我们便问："那今天来找我们的目的是？"

小枣儿沉默了一会儿，还是不说话，她的爸爸说："这孩子不肯上学，老师让我们带来看看。"

据爸爸描述，小枣儿从小就跟爷爷奶奶生活在一起，爸爸妈妈在大城市打工，只有逢年过节才回去看她。小枣儿家境不错，爷爷奶奶对她照顾得也很好。一次她在电视里看到这种穿衣风格后便"狂热"地爱上了，但是因为她的打扮如此"与众不同"，所以在学校和大街上她会被指指点点，甚至有人当着她的面说她"怪里怪气"。小枣儿变得越来越不爱出门，后来干脆就不去上学了，一门心思在家里装扮自己，参加各种洛丽塔的聚会。

小枣儿的情况相对复杂，单就她从小被爷爷奶奶照顾这一点而言，对孩子成长的影响很大。孩子从小就缺少了父母在情感上的关心和呵护，很容易在人生观、价值观、世界观上出现偏离。等孩子到了青春期，这种偏离可能会更加明显，造成孩子一些心理障碍，比如感情脆弱、自暴自弃、焦虑抑郁、缺乏自信、悲观消极等。

● 父母不离家，孩子才拥有完整的教育环境

扬汤止沸不如釜底抽薪，父母尽可能地不要离开孩子，尤其是未成年的孩子，因为孩子只有跟在父母身边才能拥有完整的教育环境，生理、心理的发展才有可能不走"歪路"。

● 青春期孩子并不是真的"大人"，不能放在老家不管

有一部分家长确实把孩子带在身边抚养长大，但当孩子上了中学就把孩子放在老家上学，这部分孩子就是另一种变相的"留守儿童"。家长认为孩子"长大了"，应该没有问题，但是恰恰出问题的很多。因为这一部分孩子不仅要面对新的环境适应问题，还要面对青春期巨大的心理冲突，出现问题的概率就高了。

心理小课堂

洛丽塔风格不单是一种服饰潮流，更是许多孩子表达情感需要的方式。发展心理学家指出，青春期孩子正处于自我认识迷乱的阶段，他们往往拥有童真与梦想，有摆脱现实规限的渴求。

9.死亡是一堂必修课

电影《寻梦环游记》不知你是否看过？它讲述了一个名叫米格的墨西哥小男孩，因为触碰了一把吉他而踏上了"亡灵之地"，在那里见到了过世的亲人之后发生的一系列故事。这个电影让很多人开始思考，死亡是什么？

"死亡"很难下定义，因为人死后到底是怎样，科学也无法给出完美的答案。那么，反过来说，死亡完全可以由人们自己来定义。但是，无论给出什么定义，死亡都是人必须面对的，是一堂人生的必修课，如果这堂课不能顺利结业，那么很可能对人的心理健康产生负面的影响。

小梦今年18岁了，从12岁那年开始，她就陷入了抑郁，原因是她的妈妈因为癌症去世了。她一直不能从妈妈去世的悲痛中走出来，对学习、生活的兴趣日渐降低。于是在她13岁时就开始休学在家，整日不出门，至今已经整整5年了。

来到诊室的时候，她目光躲闪，低头不语，不愿意与人多交流，与笔者说话的时候也非常紧张，总想尽早地结束治疗。

我们询问她"典型的一天"是如何度过的，她这样描述："每天早晨，我8点起床，自己随便找点饼干、面包当早饭，吃完就开始自己写写东西；中午太阳好的时候就晒晒太阳，叫个外卖；晚上爸爸就回家了，有时候会聊两句，大多数时候我就自己一个人回房间，发呆或者听音乐、睡觉。"

"听起来，一整天你都不怎么出门？"我们问。

"是的，我不出门，不想和人有接触，不想跟他们有任何的感情联系。"她坚定地说。

爸爸把小梦写的文字给我们看了一部分：

每天去学校，看到周围一派生机勃勃的样子，似乎一切都很美好。看到身边的同学永远是那么快乐，不知忧愁为何物。我在心里嘲笑他们，他们是不知道，这一切都是虚无的，有一天总会离去，就像亲人总会死亡一样，留给我们的是一座荒芜的花园，无限悲凉。

……

每天躺在床上，看着房门，我多希望妈妈会从那道门中走进来，可是我知道那样的情景不会出现。以后的路，我该如何去走呢？如果癌症可以遗传的话，我真希望自己早一点死去！我想和自己的妈妈在一起，过幸福的生活。

……

不是我不爱这个世界，而是这个世界给我太多的痛苦。我不知道自己以后还会不会快乐，我真的希望时间能够倒流，永远停在12岁！

死亡对孩子来说，绝对是一个沉重打击，它动摇了孩子用主观愿望影响事件的信心，使孩子感觉到无助和焦虑。孩子看到的是，不管有多少眼泪和抗议，深爱的人不在了，自己也被抛弃了，不再被爱了。尤其是青春期的孩子易走极端，喜欢把悲伤压抑在心底，一个人钻牛角尖，落入心理疾病的泥沼。帮助引导好孩子认识死亡、面对死亡是家长一定要重视的一件事。

● 和孩子一起认识死亡

人生的进程很复杂，也很简单：出生—成长—死亡。有了出生和成长，也就有了死亡。什么是死亡呢？如果认为心跳停止、呼吸消逝就是死亡，没有错，但那是生理意义上的死亡。真正的死亡是开头提及的电影《寻梦环游记》里说的："这个世界上最后一个记得你的人把你忘记了，于是，你就真正地死去，那时，整个宇宙都将不再和你有关，这才是真正的死亡。"换句话说，当有人对死者的记忆还在，那么他就没有真正的死亡。父母死了，兄弟姐妹还在；丈夫死了，孩子还在；好朋友死了，他送你的礼物还在……死亡的定义不是狭隘的，家长可以和孩子一起耐心讨论，让孩子用开放的思维来认识死亡，直面死亡。

● 帮助孩子宣泄悲伤的情绪

家长要在适当的时候，用适当的方法，引导帮助孩子宣泄悲伤的情绪，让孩子早日走出阴霾。

第一，让孩子大哭一场。有些孩子心中有伤痛就哭出来，这样很好。但有些孩子表面上很坚强，实际却把悲伤藏在内心深处，长期得不到释放，这样就会形成精神重负，并可能出现精神上的疾患。所以，大悲之后，家长一定要让孩子哭出来，这对孩子情绪的调节很关键。

第二，通过运动等方式帮助孩子宣泄情绪。悲伤郁结得不到宣泄，则越堵越多，只要有所宣泄，就会减轻，宣泄得越彻底，减轻得越快。有些孩子极度悲伤，家长可以带着孩子一起运动。适当的运动可以促使大脑分泌多巴胺，增加孩子的快乐情绪体验，跑步、拳击、球类、跳绳等都可以，孩子喜欢的就行。

第三，给孩子创造"倾诉"的机会。不少经历过大灾大难的孩子，会陷入悲伤的沉默之中，不愿与人交流，即使是至亲的亲人、极好的朋友也不例外。但敢于倾诉，敢于把内心敞开的人，就会在倾诉交流中化解悲痛，就能有效防止心理疾病。家长可以找些有同样经历的人，让他们与孩子交流，这会减轻孩子的伤痛，让孩子的负面情绪释放一些。

心理小课堂

"典型的一天"是让来访者描述自己认为能够代表自己生活的一天，这种描述经常在心理治疗的初始访谈中运用，旨在让咨询师进一步了解来访者。